우리는
크리스탈
아이들

Wir Kristallkinder by Lena
©Verlag "Die SILBERSCHNUR" GmbH 2009
All Rights Reserved
Korean translation © 2012 by Shanti Books
Korean translation rights arranged
through Orange Agency, Seoul

이 책의 한국어판 저작권은 오렌지에이전시를 통해 저작권자와 독점 계약한 도서출판 샨티에 있습니다. 저작권법에 의해 한국 내에서 보호받는 저작물이므로 무단 전재와 무단 복제를 금합니다.

우리는 크리스탈 아이들

2013년 1월 21일 초판 1쇄 발행. 2025년 3월 20일 초판 2쇄 발행. 레나가 쓰고, 윤혜정이 옮겼으며, 도서출판 샨티에서 이홍용과 박정은이 펴냅니다. 이근호가 본문 및 표지 디자인을 하였습니다. 표지 및 본문 그림은 임미옥이 그렸습니다. 인쇄 및 제본은 굿에그커뮤니케이션에서 진행하였습니다. 출판사 등록일 및 등록번호는 2003. 2. 11. 제2017-000092호이고, 주소는 서울시 은평구 은평로 3길 34-2, 전화는 (02) 3143-6360, 팩스는 (02) 6455-6367, 이메일은 shantibooks@naver.com입니다. 이 책의 ISBN은 978-89-91075-80-1 03370이고, 정가는 15,000원입니다.

우리는 크리스탈 아이들

레나 지음 | 윤혜정 옮김

【산티】

· 차례 ·

책머리에 6

외부에서 본 크리스탈 아이들

크리스탈 파동 14
레나와 함께 살기 19
부모의 눈에 비친 레나 26

내부에서 본 크리스탈 아이들

크리스탈 아이들의 기본 태도 40
크리스탈 차원 71
크리스탈 아이들 83
지구에서의 어려운 점 90
오해들 120
자주 하는 질문들 140

나의 삶, 나의 길

내가 크리스탈 아이라는 것을 어떻게 알게 되었나 156
내 자신의 길을 찾고 그 길을 가기로 결심하다 162

우리의 메시지

가장 중요한 메시지는 사랑 174

책을 마치며 180
옮긴이의 말 184

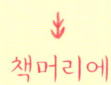
책머리에

 안녕, 여러분! 핑크빛으로 빛나는 아름다운 크리스탈 아이들의 세계로 온 것을 환영합니다! 여러분이 우리에게 관심을 가져주고 이 책을 읽다니 참 기쁩니다. 이 책을 좀 더 쉽고 편안하게 읽을 수 있도록 먼저 몇 가지 이야기를 할게요.

 이 책은 많은 지식을 담고 있습니다. 하지만 머리를 위한 지식이 아닌, 가슴과 영혼을 위한 지식이랍니다. 지식이라고 하면 사람들은 대부분 뇌에 저장할 수 있는 지식을 생각하죠. 하지만 그 밖에도 훨씬 더 많은 지식이 있답니다. 제가 말하는 지식이란 우리의 뇌가 저장할 수 있는 지식이나, 이성적으로 이해하거나 헤아릴 수 있는 지식과는 다른 지식이에요. 예를 들어 우리의 몸은 어떻게 하면 자전거가 균형을 잡고 앞으로 나아가도록 할 수 있는지 알고 있죠. 혹은 우리의 가슴은 무엇이 우리에게 좋은지 알고 있어요.

이성과 뇌만 가지고 이해하고 분석하려고 하면 이 책을 이해할 수 없답니다. 제게는 머리를 위해 구체적인 그림과 문장을 만들어내는 것이 아니라, 가슴과 영혼을 위해 이해하기 쉬운 언어를 만들어내는 것이 중요하답니다. 그래서 어떤 문장들은 문법적으로 '꼬여' 있을 거예요. 진동과 에너지를 제대로 전해주기 위해서 그런 것이랍니다. 그냥 가슴으로 이 책을 읽으세요.

제가 이야기하려는 모든 것을 유일하게 옳은 것이라고 보거나 절대적인 진실이라고 보지 않는 것이 더 간단할 거예요. 이것은 제가 보는 관점이고, 제 개인적인 해석이고, 저의 경험이며, 저의 길입니다. 저는 신도 아니고 성자도 아니에요. 그러니 저 역시 잘못 생각할 수도 있지요. 그렇지만 우리 인간은 책과 신문, 기사 같은 것들을 함부로 손댈 수 없는 것이라고 생각하기를 좋아해요. 우리는 그것들이 100퍼센트 맞고, 다른 것들은 모두 다 틀렸다고 생각하죠. 하지만 우리는 개개인이 저마다 모두 얼마나 독특한지 아주 잘 알고 있어요. 그러므로 글 역시 개인마다 독특하며 주관적인 경험과 의견 등에 의해 영향을 받는 게 당연하지요.

여러분은 이 책을 보면서 크리스탈 아이들에 관해 흥미롭고 멋진 것들을 많이 알게 될 거예요. 하지만 처음부터 이야기해 두고 싶은 것이 있어요. 크리스탈 아이들은 여러분이 인간인 것과 똑같이 인간이랍니다! 물론 우리에게는 특정한 능력과 장점이 있어요. 누구나 저마다 장점과 능력이 있는 것처럼 말이에요. 그러니 크리스탈 아이들을 이상화시키지 말아주세요. 여러분 스스로를 이상화시키세요.^^

누군가가 우리를 동경한다면 전혀 마음이 편하지도 않거니와, 왜 그러는지도 이해가 안 돼요. 왜냐하면 우리는 한 사람 한 사람이 다 멋지고, 세상에서 유일하며, 비할 수 없이 아름다운 존재들이라는 걸 알거든요.

이 책은 세 부분으로 나뉘어 있어요. 첫 번째 부분에서는 크리스탈 아이들이란 무엇이고, 우리가 어떤 아이들인지, 무엇을 느끼는지, 어디에서 왔는지 등등을 이야기할 거예요. 저는 이 부분에서 이미 크리스탈 아이들을 알고 있고, 저를 알고 있고, 그들과 살고 있거나 그들과 함께 일하는 다양한 사람들이 글을 쓰도록 했답니다. 이 분들은 '크리스탈 아이들'에 관해서 알고 있는 것들과 그 아이들을 어떻게 보고 있고 어떻게 대하고 있는지 들려줄 거예요. 그 글을 보면 크리스탈 아이들에 관한 다양한 관점과 여러 면에서 본 크리스탈 아이들의 모습을 파악할 수 있을 거예요. 사람은 누구나 자기만의 주관과 관점이 있고 개인적으로 인식하는 방법도 다르지만, 여러 사람들이 어떤 테마를 다양한 측면에서 관찰하면 그 핵심에 아주 가까이 갈 수 있죠.

그리고 다음으로 아까 이야기한 대로 크리스탈 아이들의 기본적인 태도에 관해서 설명하고, 그들이 어째서 그런 태도를 취하며 무엇을 생각하고 느끼는지 이야기할 거예요.

두 번째 부분에서는 지구에서 사는 것이 우리에게 얼마나 도전적인 일인지에 관해 쓸 거예요. 지구에서 사는 것은 우리에게는 어려운 일이고 잘 알지 못하는 일이거든요. 아울러 우리의 고향과 우리가 온 근원인 크리스탈 차원에 관해 이야기할 거예요. 그곳은 어떤 곳인지, 그곳에서는 어떻게 사는지 말이에요. 그럼 여러분은 우리에 대해 훨씬 잘 이해할 수 있을 거예요.

세 번째 부분은 제가 저의 능력을 어떻게 다루는지, 그리고 그 능력을 가지고 지구에서 어떻게 살고 있는지에 관한 이야기랍니다. 그럼 여러분은 크리스탈 아이는 어떤지 포괄적인 이미지를 얻을 수 있을 거예요.

끝으로 '크리스탈 아이들'에 관해 제가 알고 있는 것들을 묘사해 볼 거예요. 단 한 가지 진실만이 있는 것은 아닙니다. 누구나 각자 자신만의 진실을 가지고 있죠. 그러니 여러분은 여러분에게 맞는 것을 직접 선택할 수 있고, 여러분에게 크리스탈 아이는 무엇인지 직접 결정할 수 있답니다.

한 마디로 크리스탈 아이들은 육감을 넘어 더 높은 차원의 감각까지 포함한 일곱 가지 감각을 모두 지니고 있으며 또 그 감각을 사용하고 있는, 즉 훨씬 많은 것을 지각할 수 있는 인간이랍니다.

크리스탈 아이들이란 정확하게 무엇인지, 딱 들어맞는 문구나 특별한 해석은 없습니다. 크리스탈 아이들이라고 확정할 수 있는 체크 리스트도 없고, 마찬가지로 크리스탈 아이들을 정확하고 확실하게 알아낼 수 있는 사람도 없답니다. 크리스탈 아이만이 스스로 자신이 무엇인지 알 수 있지요!

우리 크리스탈 아이들은 삶에 관해 우리만의 기본 태도를 가지고 있어요. 우린 우리 내면에 특유의 진실을 지니고 있답니다. 우린 다른 진동, 즉 고유의 진동수를 가지고 있어요. 진동수라는 것은 말로 표현하기가 참 어려워요.^^

다시 한 번 이야기할게요. 가장 좋고 가장 쉬운 것은 가슴으로 이 책을 읽는 거예요. 그러기 위해 주위를 기분 좋게 아늑하게 꾸밀 수 있겠지요. 편안한 옷을 입고, 초를 켜고, 편안하게 앉거나 눕고, 아름다운 음악을 틀어놓고,

느긋한 마음으로 가슴을 여는 거예요. 긴장을 풀고 여러분의 영혼을 느긋하게 이완시켜도 된답니다. 모든 감각으로 이 책을 음미하면서 여러분에게 스며들게 해도 돼요. 그럼 즐겁게 읽기 바랍니다!^^

외부에서 본
크리스탈 아이들

13,000년마다 돌아오는 주기 변화에 의해 에너지는 점점 더 상승하고 있고, 이에 따라 점점 더 높은 진동수를 가진 존재들이 지구로 오고 있습니다.

제2차 세계대전 후에 개척자들(저도 그들 중 하나지요)이 지구에 온 이후, 이어서 인디고 선발대들이 뒤따라 왔습니다. 그들은 1950, 60년대에 지구에 왔지요. 그들 중 많은 사람들이 현재 대체 의학자나 나노 기술 연구자로 일하고 있답니다. 10년마다 에너지가 계속 상승하고 있으므로 더 높은 진동수를 가진 존재들이 점점 더 많이 육화하여 태어나는 것이 가능해졌지요.

1980년대 초반에 드디어 튼튼한 토대가 갖추어졌고, 인디고 아이들의 거대한 파동이 빠른 속도로 줄지어 전 대륙에 흩어져 들어올 수 있었지요.

이 인디고 아이들은 투시력과 예지력과 같은 능력을 발휘할 수 있는 자질과 빛의 4차원과 5차원으로 연결할 수 있는 자질을 가지고 있었습니다. 그로 인해 사고력이 빠르고, 이전 세대보다 더 지적인 경우가 많고, 매우 민감하고, 창의적이며, 직관이 뛰어났지요. 무엇보다 고집이 셌고, 동요하지 않고 확고했으며, 어른들과 세상, 사회,

공동 생활을 인식하는 데 아주 명확했습니다. 그들은 어떤 방법으로든 낡은 구조를 무너뜨리고 사람들을 각성시키기 위해 온 것이었으니까요! 그들은 그야말로 "깨어나라!"고 외쳤지요. 부모님과 교사들 밑에서, 또 정부 등에서 많은 소동을 일으키는 일을 맡아했어요. 그로써 그들은 1990년대 말부터 시작된 새로운 파동이 전 세계에 퍼져서 자리 잡을 장을 마련한 것이었답니다. 바로 '크리스탈 파동'이지요.

이 크리스탈 아이들은 인디고 아이들과 전혀 달랐어요. 사랑스럽고, 부드럽고, 동정심이 넘치고, 평화로웠지요. 그들이 커다란 눈망울로 누군가를 바라보면, 마치 영혼에 직접 말을 거는 듯한 느낌을 받지요. 그들한테는 텔레파시 능력이 있었고, 매우 많은 아이들이 네 살이 될 때까지 (언어적으로는 이해할 수 없는, 그들의 '빛의 언어' 외에는) 거의 말을 하지 않는 경우가 많았죠.

지금은 전 세계에 많은 크리스탈 아이들이 있습니다. 그들은 모든 것을 준비시켜 줄 언니와 오빠, 즉 인디고들이 필요했습니다. 그렇지 않았다면 지구에 올 수가 없었을 거예요. 에너지 쇼크가 너무 컸을 테니까요.

우리는 크리스탈 아이들이 이곳에서 우리와 함께 살기가 쉽지 않다는 것을 잘 이해하지 않으면 안 된답니다. 어른들은 아주 느리고 낮게 진동하는 에너지를 가지고 있고, 인디고를 비롯한 크리스탈 아이들은 훨씬 높은 진동의 에너지를 가지고 있으니까요.

이 차이로 인해 크리스탈 아이들은 균형을 유지하는 것이나 주의를 기울이는 것, 의사소통을 하는 것에 상당히 어려움을 겪습니다. 서로 다른 에너지가 심각하게 부딪히는 것이지요. 대부분 이 아이들은 어른들의 느린 에너지에 의해 억눌리게 되고, 더 이상 '움직일 수' 없게 되지요. 그들의 에너지는 자유롭게 흐르지 못하고, 그로 인해 일상의 많은 것들에 부정적인 영향을 미칩니다.

많은 부모님들이 그것을 인식하지 못하고 있기 때문에, 이는 큰 문제를 일으킬 수 있습니다. 전 세계적으로 수년 전부터 우리는 이런 현상을 겪고 있어요. 안타깝게도 이 아이들에게 정신성 약물을 처방한다든지 자폐증, 주의력 결핍 장애 같은 잘못된 진단을 내리고 있는데, 이 때문에 이 문제는 전혀 줄지 않고 있습니다.

이 아이들은 고차원의 에너지 통로를 열어 이 세상으

로 가져올 수 있습니다. 그렇지만 이들에게는 평화로움이 필요하고, 그들의 다름에 대한 사람들의 이해를 필요로 해요. 그들은 진정한 치유사이고, 우리가 꿈꾸는 세상, 평화와 충만함 속에 사는 세상이란 어떤 것인지 행동으로 직접 우리에게 보여주지요. 하지만 부정적인 생각과 감정이 아직 대부분의 어른들을 가로막고 있고, 또 많은 사람들이 어른들 역시 인디고나 크리스탈 인간으로 진화하도록 요청되고 있다는 사실을 알아차리지 못하고 있어요.

이 진화는 전 세계적으로 한창 진행중이고, 누구나 그 진화의 한 부분입니다. 우리는 하나입니다. 우리가 아직 개체 의식 속에서 사는 데 익숙해 있는 반면, 크리스탈 아이들은 이미 전체 의식 속에서 살고 있습니다. 그리고 전체 의식 속에서 사는 것이 어떻게 가능한지 우리에게 보여주지요. 우리는 그저 거기에 귀를 기울이고, 눈을 들어 바라보고, 우리의 가슴을 여는 것을 허락하도록 배우기만 하면 된답니다.

그렇게 해보세요. 참 좋을 거예요. 가정에도 많은 조화와 안정을 가져올 것입니다!

레나와 함께 살기

이레네 포르트만 Irene Portman
초등학교 교사, 아이들의 엄마이자 빛의 일꾼.

2008년 초 레나는 살고 있던 집을 정리하라는 내면의 소리를 듣고 그대로 실행에 옮겼습니다. 곧이어 제가 사는 집으로 이사해야 한다는 것을 알았고, 1월 말에 가진 것을 모두 챙겨 저의 집 문 앞에 섰어요. 그리고 집에 오기 바로 얼마 전 직접 골라놓은 방으로 들어왔지요.

'레나와 같이 살면 어떻게 될까?' 저는 스물두 살짜리 레나가 온다는 것을 알았을 때 불안해하며 마음속으로 묻곤 했지요. 당시 저는 혼자 산 지 얼마 되지 않은 쉰 여섯 살의 초등학교 교사였습니다. 어른이 된 세 아이가 제 품을 떠나고, 생애 처음으로 제가 원하는 그대로 삶을 만들어볼 수 있었지요. 레나에게 내 주장을 내세울 수 있을까? 저는 '내 집에 사는 거니까 내가 정한 규칙을 따라야 하지' 하고 속으로 생각했답니다. '특히 부엌은 깔끔하게 썼으면 좋겠어. 그리고 레나는 내 딸이 아니니까 레나를 책임질 필요가 없어' 하고 스스로를 위안했지요.

마음속의 저항에도 불구하고 레나가 오는 것이 저에게 좋은 일이라는 것, 저를 위해서도 또 우리의 프로젝트인 인디고 아이들과 크리스탈 아이들을 위해 만든 '가슴이 열린 학교'(www.lindenschule.ch)를 위해서도 좋은 일이라는 것을 분명히 느꼈습니다. 만일 레나가 오지 않는다면 기회를 놓치는 일이 될 거라는 걸 알 수 있었지요. 우리 학교의 설립 멤버들은 우리의 새로운 교육 플랜을 실행하는 데 젊은 친구들이 함께 힘을 모아주기를 바랐으니까요.

 레나는 자신을 '크리스탈 아이'라고 말합니다. 저는 전에 인디고와 크리스탈 아이들에 대해서 몇 가지 읽은 적이 있었고, 제게는 그 명칭이 이 아이들이 다른 아이들보다 낫다거나 더 중요하다는 뜻으로는 읽히지 않았지요. 그들은 새로운 세계를 만들어내기 위해 필요한 퍼즐 조각들입니다. 더 나이 든 우리는 이 아이들이 올 수 있도록 기반을 마련한 것이고요. 중요한 것은 함께 연주하는 것입니다.
 저는 사춘기 때 68세대를 경험했고 히피들에게 공감했습니다. 우리 역시 나은 세계를 위해 많은 아이디어를 가지고 있었고, 이상적이라고 생각하는 대로 살려고 시도했지요. 확실히 새로운 세대들은 모두 이전 세대보다 더 넓은 의식과 더 적은 분리감을 프로그래밍해서 세상에 온 것 같습니다.

크리스탈 아이 레나와 함께 사는 건 어땠을까요?

제가 경험한 레나는 자신에 대해 아주 잘 알고 있는 사람이었어요. 레나는 자신의 권리를 당당히 요구합니다. 레나는 자기 자신에게 충실하고, 용기가 있으며, 일관되고 진실합니다. 그리고 자신의 깊은 내면과 연결되어 있고, 대화하며, 많은 것을 알고 있습니다. 그것은 내적인 측면에서 자신을 경험하고 배웠기 때문이고, 그것을 기억할 수 있기 때문이죠. 그래서 레나는 '모두가 하나인 상태'에 대한 그리움이 있습니다. 그것은 그가 잊지 않고 있는 자신의 고향 별로부터 알고 있는 것이지요. 레나는 지금 이 순간에 초점을 두고 살며 그때그때에 맞춰 결정합니다.

레나는 계획을 적게 하고, 내면에서 움직이는 대로 삽니다. 주로는 무의식적으로, 가끔은 의식적으로 다른 사람의 심기를 건드리기도 합니다. 그건 레나가 어떤 게임은 그들과 함께 해주지 않기 때문이죠.
그건 우리를 몹시 자극하는 일일 수 있지만, 자기가 어떻게 프로그램되어 있는지 알아차리고 그것을 판단하는 대신 수용할 수 있는 좋은 기회가 된답니다. 그리고 어떤 것에 대해 기대하지 않는 연습을 할 좋은 기회죠. 그러기 위해서는 두려움이나 통제 대신 신뢰가 필요하답니다.

만일 제가 저를 사랑하지 않으면, 저 자신을 믿지 못하고 있으면, 늘 제가 옳다고 주장하고 모든 것을 통제하려고 들면 레나와 문제가 생깁니다. 레나는 제가 해결하지 못한 것들을 거울처럼 비춰주기 때문이에요. 그 반대의 경우도 물론 마찬가지죠. 레나가 심하게 반응하면, 그건 레나에게도 배후에 두려움이나 상처가 숨어 있다는 뜻이에요. 참 좋은 것은 레나와 그런 것들을 두고 이야기를 나눌 수 있다는 것이랍니다. 우리는 서로 속이거나 추켜세우거나 비난할 필요가 전혀 없지요.

그건 제가 정말로 원하는 것이 무엇인지 알아내도록 도와주었고, 저에게 집중하고 저 자신을 지지하도록 도와주었으며, 제가 어떤 사고 패턴과 시각을 가지고 있는지 살펴보게 해주었답니다. 저는 언제나 스스로에게 물을 수 있죠.

'내가 생각하는 것이 정말 진실인가? 내가 다른 것이 아닌 바로 그것을 하는 것이 중요한가? 내가 바로 지금 이것을 하는 것이 중요한가?'

'나에게 기쁨을 주는 것은 무엇인가? 내가 인정과 사랑을 받거나 좋은 상황에 처하고 싶어서 무엇인가를 하고 있나?'

'레나와 함께 사는 것이 정말로 레나가 믿듯이 통제와 계획, 협상, 타협 없이 제대로 잘될까?'

'그건 마치 산마루를 타는 것과 같다. 서로 대조되는 것 사이에 난 좁은 길을 걷는 것이다. 나는 언제 에고 상태에 있으며, 언제 여신으로 있는가? 즉 나는 언제 진정으로 나의 영혼과 연결되어 있나?'

저는 레나와 함께 지내면서 모든 다양한 면을 경험하고 있습니다. 실수해도 괜찮아요. 오히려 대환영이죠. 그리고 저는 제 모습 그대로 있을 수 있습니다. 저는 완전할 필요가 없지요. 레나는 웃고 노래하고 삶에 기뻐합니다.

레나는 매우 즉흥적이고, 개방적이고, 사람들에게 다가가 자신이 지금 무엇에 열중하는지 이야기합니다. 그러다 고향 별에 대한 향수로 매우 슬퍼하며 울적해지기도 하고, 이곳 지구에서의 삶에 몹시 혼란스러워하기도 하죠.

다른 한편 제가 경험하는 레나는 자신의 사랑과 지혜로 다른 사람을 치유하고, 자신이 살아가는 방식을 통해 사람들에게 새로운 관점을 보여주는 젊은 아가씨입니다. ―레나는 자신의 집을 지금 이곳 지구에서 발견하기 위해, 하늘을 향해 영혼이 성장하고 있는 한 인간입니다.

⭐ 부모의 눈에 비친 레나

발터 기거 Walter Giger(아버지이자 영업 및 영업 관리 매니저) **가 쓰고,**
모니카 기거 Monika Giger(엄마이자 유치원 교사) **가 보충함**

레나는 바라던 끝에 태어난 아이입니다. 1986년 4월 28일 긴 진통 후에, 하지만 정상적으로 취리히 호 근처의 호르겐에서 태어났죠. 저도, 또 두 살 어린 레나의 남동생 요나스도 호르겐 병원에서 태어났습니다. 레나가 태어난 뒤 이 '새로운' 가족을 병원에 두고 혼자 집으로 오면서 발길이 떨어지지 않았어요.

그 시기는 우리 가족이 몇 가지 일로 스트레스를 받던 때이기도 했습니다. 레나의 외할아버지가 레나가 태어나기 사흘 전 실직을 했고, 같은 시기에 체르노빌 원전 사고가 일어났죠. 그리고 레나의 친할아버지가 4주 후에 암으로 세상을 떠났어요. 저는 당시 레나를 늘 '햇살'이라고 불렀습니다. 레나는 제 아버지의 빈자리에 드리운 짙은 아픔에 빛을 가져다주었거든요.

5일 후 레나는 엄마와 함께 병원에서 나와 집으로 왔지요. 수유가 아주 잘되어 레나는 금방 몸무게가 늘었고, 건강도 만점이었어요. 레나를 보며 느끼는 기쁨이 몹시 컸지요. 깨어 있을 때면 늘 침을 흘리긴 했지만, 흔히들 "침을 많이 흘리는 아이는 건강하다"고 하죠. 침 때문에 우리는 레나를 마음대로 '안고 끼고' 있을 수가 없었어요. 자기 옷은 물론 우리 옷에 늘 침을 흠뻑 흘렸으니까요. '턱받이'를 목에 두르지 않은 레나를 본 적이 없을 정도였죠. 레나의 엄마는 크리스마스를 맞아 이젠 제발 침을 흘리지 않았으면 좋겠다고 빌었는데, 소원이 이루어졌답니다. 정확히 크리스마스에, 레나가 8개월이 되었을 때 침 흘리기가 멈췄죠.

레나는 어디를 가든 함께 다녔고 늘 조용하고 명랑했습니다. 우는 일은 드물었고, 소리를 지르는 일은 전혀 없다시피 했어요. 한번은 코스Kos로 휴가를 간 적이 있었습니다. 레나가 막 5개월이 되었을 때였죠. 큰 식당에서 밥을 먹는데 사람들이 아기 바구니에 진짜 아기가 들어 있는지 아닌지 물을 정도로 조용했어요. 레나는 무럭무럭 잘 자랐고 늘 모두에게 환하게 웃어주었습니다. 꼭 햇살처럼 말예요.

레나의 두 번째 생일 바로 전에 요나스가 세상에 태어났어요. 요나스 역시 바라던 아이였고, 우리는 이제 '남매 한 쌍'을 가지게 된 것이 몹시 기뻤습니다.
11개월 무렵 레나에게 기도협착증이 생겼습니다. 우리

에게도 레나에게도 힘든 시간이었지요. 레나는 자주 호흡 곤란이 왔고, 특히 밤이면 더 심해졌어요. 혹시 레나가 숨이 막힐까봐 지키느라 잠도 거의 못 잤지요. 유일한 위안은 이 병이 자라면서 나을 수 있다는 것이었습니다. 그리고 다행히 그렇게 되었죠.

 레나는 모든 사람들에게 늘 친절했습니다. 가끔은 레나가 아무나 따라갈까봐 불안하기도 했어요. 그래서 모르는 사람을 조심하라고 자주 주의를 주곤 했답니다. 레나는 운동을 하기에는 허리가 좋은 편이 아니었지만, 엄마와 아기가 함께 하는 체조는 모두 따라했습니다. 현재도 레나는 운동은 조금밖에 하지 않죠. 특히 운동 경기는 전혀 하지 않아요. 거기엔 다른 이유도 있습니다. 유치원 시절부터 레나는 운동 시합은 절대 같이 한 적이 없어요. 레나는 옆으로 비켜 앉아서 그런 '놀이'를 거부했죠.
 하지만 레나는 몇 시간이고 혼자 장난감을 가지고 시간을 보내곤 했어요. 레나가 방에 있는지 자주 들여다볼 정도였죠. 레고로 집을 지을 때는 자세한 설계도가 그려지기 전에는 절대 집을 짓지 않았습니다. 단짝 친구와 놀 때는 대부분 무엇을 하고 놀지 레나가 결정하곤 했어요.

우리는 레나가 보스 역할을 하는 아이라는 걸 금세 알아차렸고, 가능한 한 빨리 자립심을 키워줘야겠다고 생각했습니다.

우리는 늘 레나가 자신에 대해 신뢰감을 갖게 하려고 노력했죠. 다행히 레나는 잘 따라주었고, 우리를 크게 힘들게 하지 않았습니다.

동네에서도 레나는 인기가 좋았어요. 아는 사람들은 늘 "레나는 언제 봐도 상냥하게 인사해요"라고 말하곤 했습니다. 레나는 사촌동생들도 참 예뻐했어요. 레나가 아직 열 살 때인데도 쌍둥이 사촌동생을 돌보고, 아침이면 자연스럽게 기저귀를 갈아주곤 했죠. 가족 행사가 있을 때면 사촌동생들을 보살펴주고 함께 놀아줘서 어른들이 아이들에게 시달리는 일이 없었지요.

친구들의 집에서 놀거나 자고 올 때면 집에 돌아오고 싶어 하지 않았어요. 어디를 가든 금세 적응하고 편안해했지요.

학교에서는 부지런했고 다른 아이들을 도와주기를 좋아했습니다. 늘 약한 아이들을 도와주었고 서로 사이좋게 지낼 수 있도록 애를 썼죠. 한번은 한 남자아이가 바지에 오줌을 싼 적이 있는데, 모두 그 아이를 놀려댔어요. 그러자 레나가 그 아이를 위해 나서서, 그런 일은 누구에게나 일어날 수 있다는 말로 다른 아이들을 수긍시킨 일이 있었답니다.

레나는 음악과 연극을 좋아했고, 처음에는 발레도 했습니다. 리코더를 연주했고, 엄마와 함께 피아노를 쳤고, 기타도 쳤어요. 그리고 노래도 불렀고, 다시 피아노를 쳤죠. 하지만 3, 4년 이상 연주한 악기는 없었어요. 3, 4년이 지나면 뭔가 새로운 것을 해야 했죠. 그렇지만 피아노 선생님인 베로니카 선생님과는 특별한 관계를 유지했습니다. 레나는 베로니카 선생님과 영적인 이야기를 많이 나누었죠. 제가 보기에 이 시기에 레나가 자신의 능력을 발견한 것 같습니다.

그보다 전인 첫 번째 수학 여행 때, 이미 레나는 자신이 동물과 의사소통할 수 있는 능력이 있다는 걸 알았어요. 레나가 집에 돌아와 그러더군요. 다른 학생들이 다가가자 소들이 달아났는데, 레나가 소 한 마리를 부르니까 그 소가 레나에게 다가왔다고요.

이 시기가 사춘기의 첫 단계라는 것을 느낄 수 있었습

니다. 부모에게 반항심이 생기고, 별것 아닌 문제를 가지고 지나치게 흥분하고, 부모의 울타리를 벗어나 새로운 경험을 하는 시기죠. 만 열네 살에 레나는 학부모 면담에서 장래 희망에 관한 질문을 받았습니다. 레나의 대답은 자신의 관심사를 모두 다 포함하고 있는 직업을 아직 발견하지 못했다는 것이었죠. 레나는 디스코텍에 자주 가지 않았고, 가더라도 담배를 피우거나 술을 마시는 일이 전혀 없었습니다. 꼭 필요할 땐 수돗물을 마셨어요. 왜냐하면 약을 탄 음료를 마실 위험을 무릅쓰고 싶지 않았으니까요. 레나는 합의된 일은 아주 잘 지켰습니다. 그것을 지키는 일이 계속해서 논쟁이 되긴 했지만요. 레나는 자유롭고 싶어 했고 지켜야 할 규정이 없기를 바랐죠.

레나는 여러 번 다양한 연극에 출연했어요. 맡은 역을 할 때는 늘 감정이입이 충만한 연기를 했고, 물론 주연을 맡는 것을 가장 좋아했죠.

김나지움(독일어권의 인문계 중·고등학교 과정—옮긴이)에 다닐 시기가 왔습니다. 레나는 공부에 큰 문제가 없었습니다. 주의를 집중해서 수업을 들으면 모두 다 기억을 했죠. 힘들게 외우며 공부하는 것은 레나에게는 해당이 안 됐어요. 수학은 말할 것도 없고 물리나 화학도 문제가 아니었습니다. 생물도 아주 잘했고요. 레나는 여러 것들 사이의 맥락을 잘 이해했고, 서로 연관시켜 사고하는 능력이 뛰어났습니다. 어떻게 저렇게 모든 것을 금방 배울 수 있는지 가끔 놀라기도 했답니다. 그렇지만 언어 영역에서는 좀 힘들어하는 편이었고 고배를 마시는 일도 몇 번 있었죠. 하지만 레나는 수긍하지 못했어요. 자기가 이해받지 못하고 있다고 느꼈고, 그래서 독일어 선생님과 부딪히는 일이 잦았습니다. 레나는 부당함과 조직적인 시스템을 참지 못했고 늘 거기에 맞서 싸웠으니까요. 레나가 늘 옳은 것은 아니고 또 늘 자기에게 이익이 되지 않아도요.

그리고 '조숙한' 학급 반장으로서 레나는 누구나와 쉽게 친구가 되지는 않았습니다. 여기에도 레나의 '보스 기질'이 영향을 미친 것 같아요. 남자 친구든 여자 친구든 깊고 오랜 우정을 나누는 친구가 적었죠. 레나는 집에 와서 점수가 잘못 나왔다고 하소연하는 일이 여러 번 있었어요. 그럼 대부분 선생님을 찾아가 면담을 해서 점수를 다시 받곤 했죠.

레나는 자기 방에 있는 시간이 아주 많았습니다. 대부분 혼자 학교 과제를 하거나 비즈 공예나 색모래 그림 그리기를 했죠. 우리는 레나와 많은 논쟁을 했습니다. 특히 레나가 하지 않은 '자잘한' 과제나 지키지 않은 규칙들로 인해 엄마와 부딪히면서 서로 스트레스를 받곤 했지요. 가족 회의에서 생활에 필요한 규칙을 세우려고 했지만, 레나는 규칙과 지시 사항은 별로 좋아하지 않았어요. 서로 많이 논의를 했고, 또 레나의 주도로 전문가에게 조언을 받기도 했습니다. 결과는, 배운 것은 많으나 바란 대로 다 된 것은 아니었죠.

졸업 시험(김나지움 졸업 시험이자 대학 입학 자격 시험. 졸업 시험에 합격해야 대학에 입학할 자격이 주어진다.—옮긴이) 즈음 레나는 나중에 남자 친구가 된 서른 살의 남자를 알게 되었습니다. 그와의 관계는 열정적이었고, 이 시기에 레나는 학교에서의 스트레스와 부모님과의 스트레스를 겪으면서 두 번째 사춘기를 겪었죠. 부모와 분리되는 단계가 그렇게 갑작스럽게 일어나다니, 저로서는 정말 놀랍기 그지없었습니다.

레나는 규칙을 지키고 맡은 일을 해야 한다는 것과 관련한 끝없는 논쟁을 견디기 힘들어했고 졸업 시험 기간 도중에 남자 친구가 사는 쿠어로 이사해 버렸어요. 제게는 그 갑작스러운 분리가 몹시 힘든 이별이었지만 레나는 이미 결정했고, 저는 그것을 존중했습니다. 그것은 레나에게도 그렇게 쉬운 일이 아니었을 테지만, 그 와중에도 레나는 졸업 시험에 합격했습니다. 그것도 훌륭한 성적으로. 한번은 레나의 남자 친구가 이렇게 물은 적이 있었습니다. "어떻게 레나는 전혀 읽어본 적이 없는 것들을 알고 있는 거죠?" 레나는 배우거나 읽은 적이 없어도 알고 있는 것이 있지요.

그렇게 레나는 집에서 떠났지만 여전히 우리와 가까이 지내며, 우리는 계속해서 화음과 불협화음을 조화시키려고 노력합니다.

'보통' 젊은이라면, 김나지움을 졸업하면 대학에서 어느 방향이든 결정해서 공부합니다. 레나에게는 진로를 선택하는 게 어려운 일이었어요. 관심이 있는 분야가 없어서가 아니라, 관심을 가진 분야가 너무 많아서였죠. 건축학이 잘 맞을지, 수학, 생물학, 아니면 사회학이 잘 맞을지 오랫동안 이리저리 생각한 끝에 레나는 한 해 쉬기로 했습니다. 그리고 여러 가지 다양한 것들을 계획했지요. 그 중 하나로 이비자(스페인의 섬. 휴양지로 유명하다.—옮긴이)

에서 관광 가이드로 보내기도 했습니다. 하지만 그곳에도 레나가 따르지 않으면 안 되는 체계와 조직이 있었고, 그건 우리가 이미 알듯 레나에게 힘든 부분이지요.

그렇습니다, 레나의 장점은 자발적인 능력과 독립심에 있어요. 멀리 내다보는 시각을 가진 레나는 대학에서 공부를 하는 대신, 애니멀 커뮤니케이션과 영적인 상담 분야에서 직접 '회사'를 만들어 활동하는 쪽으로 방향을 잡아갔습니다.

레나는 여러 번 이렇게 말했죠. "전 대학에 가지 않을래요. 대학에서 공부해서 그 분야의 직업을 가지는 일이 없을 거라는 게 뻔히 보인다면 굳이 대학에 안 갈래요."

자신의 홈페이지를 만드는 일은 문제가 되지 않았습니다. 레나는 원하는 것은 해내니까요.

레나는 다양한 강좌를 다니며 영적인 능력을 발전시켰습니다. 상담하는 일은 레나에게 큰 기쁨을 주었어요. 그렇지만 레나는 '현실적'이 되도록, 또 에너지를 허비하지 않도록 늘 주의를 기울여야 하죠.

레나는 선과 사랑에 대한 가끔은 거의 천진난만하다 싶을 정도의 근본적인 믿음과 넓은 시각을 가지고 섬세하게 삶을 살아가고 있습니다. 레나는 두려움을 모릅니다. 레나는 "모든 것은 어쨌든 되어야 하는 대로 돼요. 모든 것은 결정되어 있어요. 그러니 걱정할 것 없어요"라고 말하죠.

레나는 사랑과 열정을 가지고 서로 교류하는 일과 영적인 일에 전념하고 있습니다. 레나는 한편으로 기쁨과 평화로움을 물보라처럼 환하게 뿌려요. 하지만 다른 한편으로 아주 직선적이고, 그래서 마음에 상처를 줄 수도 있지요.

레나는 무엇인가를 원하면, 그 목표로 이끌어주는 거의 모든 수단을 정당하다고 생각합니다. 비록 우리가 늘 피부로 느낄 수 없는 것이긴 하지만 진솔함과 정직, 사랑은 레나에게 매우 중요합니다. 레나는 부모인 우리 또한 자신이 마음먹은 방향으로 유도하고 이끌려고 합니다. 하지만 우리는 레나가 어떻게 우리 모두를 돕고자 하는지 (아직) 잘 모르겠습니다.

저는 인디고 아이나 크리스탈 아이의 '보스 기질'이 잘못된 행동에 대한 변명이 되어서는 안 된다고 생각하는 편입니다.

레나와 토론하면서 레나가 얼마나 빨리 연관성과 행동의 패턴을 알아내는지 보면서 늘 놀라곤 합니다. 레나의 뛰어난 분석력이라든지 연관성을 찾아내는 능력은 감탄스럽기만 하지요. 그리고 레나는 어떤 상황이 무엇을 의미하는지 그 심리적인 뒷배경을 찾아내고 해석할 줄도 압니다.

내부에서 본
크리스탈 아이들

★ 크리스탈 아이들의 기본 태도

이 장에서는 크리스탈 아이들의 기본적인 태도와 특징, 능력에 관해 더 자세하게 다루려고 해요. 제가 여기에 적은 것은 순수한 크리스탈 부분에 관한 것이고, 누구나 그 능력을 가지고 있다는 것을 계속 염두에 두셨으면 좋겠습니다. 안타깝게도 대부분의 사람들이 그 능력을 잊어버리고 있을 뿐이죠. 우리 크리스탈 아이들도 인간적인 부분, 곧 에고와 이성, 그리고 인간적인 것에 속하는 모든 것들을 가지고 있답니다. 왜냐하면 우리는 수많은 틀과 두려움과 근심이 있는 이곳 지구에 살고 있고, 이것들은 우리에게도 영향을 미치기 때문이죠.

사랑

사랑은 세상에서 가장 아름답고, 가장 강력하고, 가장 위대하며, 가장 경이롭고, 가장 고마운 것입니다. 말로 다 표현할 수 없을 정도지요. 사랑으로 모든 것을 해결할 수 있으며 치유할 수 있습니다. 사랑은 모든 문제를 풀 수 있는 열쇠입니다. 사랑으로 우리는 모든 것을 보고, 모든 것을 향유할 수 있어요. 사랑은 모든 것을 서로 연결하고, 모든 것을 온전하게 합니다. 사랑은 처음과 끝입니다.

그래요, 몇 페이지이고 계속 이렇게 사랑에 관해 동경할 수 있을 테지만, 무엇이 사랑인지 여전히 말로 다 할 수는 없을 거예요. 물론 저는 조건 없고 자유로운, 순수한 사랑에 관해 이야기하는 것입니다. 사람들은 사랑에 관해 자주 말하지만, 뭔가 전혀 다른 것을 이야기하곤 하죠. 수많은 '사랑'의 관계는 의무와 기대, 소유, 무책임함, '어른스럽지 못함'으로 이루어져 있어요. 그곳엔 사랑이 자리할 곳이 거의 없어요. 그렇지만 진짜 사랑은 경계를 모릅니다. 그 사랑은 규칙을 모르고, 조건을 모르며, 두려움과 아픔도 몰라요. 사랑은 단순해요. 사랑은 바람 속의 깃털처럼 자유로워요.

우리 크리스탈 아이들은 우리 안에 아주 많은 사랑을 지니고 있어요. 그리고 아주 많은 사랑을 환히 발산하죠. 사랑은 우리의 메시지예요. 우리는 모든 것을 사랑하고, 누구나 사랑하고, 또 용서해요. 우리는 모두와 사랑으로 만나고, 누구든 사랑으로 만나요. 하지만 몇몇 사람들이 가끔 사랑이라고 일컫는 것에는 과민 반응을 일으킵니다. 우리는 누군가가 우리를 정말로 사랑하는지, 혹은 우리에게 뭔가 바라는 것이 있어서 친절하게 대하는지 즉시 알아차리거든요.

저는 자주 슬퍼요. 사람들이 저의 사랑을 이해하지 못하거나 받아들이지 못하기 때문이죠. 제가 뭔가를 선물하면 그건 확실한 믿음과 사랑으로 선물하는 거예요. 하지만 어떤 사람들은 이 높은 사랑의 파동을 알아차리지 못하고 제 사랑을 오해하거나 선물을 받아들이지 못해요. 안타까운 일이죠. 그럼 우리 크리스탈 아이들은 뒤로 물러나 앞으로는 그 사람에게 더 이상 사랑을 주지 못하거나, 아니면 그들이 받아들일 수 있을 때까지 사랑을 쏟아 붓는답니다.

우리 역시 육체적으로든 정신적으로든 아주 많은 사랑이 필요해요. 크리스탈 아이들은 대체로 사람을 잘 따르고 애교가 많답니다. 꼭 붙어 앉아서 포근히 안기는 것, 사랑을 주고받는 것보다 더 아름다운 것은 없어요.

우리도 자주 이곳에서 사랑을 그리워하고 외로움을 느낀답니다. 그럴 땐 보통 자연으로 가서 사랑을 느끼거나 동물들과 함께 있어요. 동물과 자연은 매우 많은 사랑을 발산해요. 그것도 순수하고, 참되고, 조건 없는 사랑을요.

신뢰

　우리 크리스탈 아이들은 우리 안에 지극히 커다란 신뢰를 지니고 있어요. 아이들은 누구나 내면에 커다란 신뢰를 지니고 있습니다. 아이들은 그야말로 거침없이 달리죠. 넘어지건 말건 상관하지 않고, 그냥 본능적으로요. 바로 이런 아이와 똑같이 우리 크리스탈 아이들은 'All is well'(모든 게 다 괜찮다)이라는 것을 알고 있어요. 우린 모든 것이 마땅히 되어야 하는 대로 되며, 우리가 바란 대로 된다는 것을 알아요. 모든 것은 완벽해요. 모든 것은 우리가 그렇게 바랐기 때문에, 우리가 우리를 위해 그렇게 계획했기 때문에 일어나는 것뿐이에요. 나의 지상적地上的 존재인 나는 왜 내가 몹시 고통스러운 파트너 관계를 원했는지 모를 수도 있지만, 나의 더 높은 자아는 정확히 알고 있어요. 그러니 회의에 빠지거나 불안해할 필요 없어요. 모든 것은 의미가 있고, 모든 것은 우리 자신에 의해 계획된 것이니까요. 여러 차원들에 연결되어 있는 위대한 존재로서의 우리 자신에 의해서 말이에요. 우리는 'All is well'이며, 모든 것이 마땅히 되어야 하는 대로 된다는 믿음을 우리 안에 지니고 있어요. 그러니 무엇 때문에 서둘

러야 하나요? 왜 괴로워해야 하나요? 왜 애를 쓰고 악착같이 노력해야 하나요? 우리는 모든 것이 마땅히 되어야 하는 대로 된다는 것을 알고 있어요. 하지만 그건 모든 것이 아무래도 상관없다는 뜻이 아니에요. 그건 다만 신뢰한다는 뜻입니다.

우리는 또한 무엇이든 선의로 대하고, 거의 모든 것을 믿어요. 그건 아주 좋은 일이에요. 왜냐하면 무엇인가가 옳거나 틀린 것은 결국 중요하지 않기 때문이죠. '옳은' 혹은 '틀린' 것은 없으니까요. 우린 우리가 마주한 것이 우리가 정확히 원하고 필요로 하는 것이라는 것을 믿어요. 그것이 지금 옳은지 틀린지, 왜 애를 쓰고 확인해야 하나요? 느낌이 괜찮다고요? 좋습니다. 그걸 믿고 싶다고요? 그것도 좋습니다. 그걸로 충분해요. 믿음이란 참 중요하고 귀합니다. 믿음은 산도 옮긴답니다.

/
지식

왜 혹은 어디에서 우리가 이 지식을 갖게 되었는지는 정확히 몰라요. 하지만 그건 전혀 중요한 것이 아니에요. 이 지식은 단순히 그렇게 있을 뿐이에요. 그것은 누구나 가슴속에 지니고 있는 우주적인 지식이에요. 우리는 우리의 가슴과 잘 연결되어 있고, 또 매우 순수하고, 가지고 있는 틀이 적기 때문에 그 지식을 우리의 가슴으로부터 들을 수 있어요. 이 우주적 지식은 아주 소중해요. 왜냐하면 그건 신성하기 때문이죠. 만일 누군가가 우리를 믿지 못하거나 "그건 네가 절대 알 수 없는 거야"라고 말한다면, 그건 우리에게는 모욕입니다. 우리를 가르치려 들 때, 특히 그게 정신적인 테마나 삶의 의미나 영적인 것과 관련된 것이라면 견디기 힘들죠.

우리는 사회와 이곳을 지배하는 규칙이나 이곳에 존재하는 갖가지 감정들을 다루는 것에 대해서는 실제로 많이 알지 못합니다. 그렇지만 그것에는 그다지 관심이 끌리지 않아요. 우리는 우리 자신의 법칙과 규칙이 있답니다. 그래서 우린 무의미하거나 부조리한 규칙은 받아들이기가 몹시 힘들죠. 우린 그것이 의미가 있을 때만 따라요. 저는 제 자신의 계획표가 있고, 그걸 잘 지킵니다. 제 가족의 계획표가 '9시 출발'이라고 해도, 전 아침마다 늘 하듯이 시간을 들여 이를 아주 깨끗이 닦아요. 너무 늦든 아니든 별로 상관없어요. 저는 스트레스를 받는 것을 좋아하지 않고, 또 스트레스를 받게 두지 않는답니다.

우리의 눈과 이해와 지식으로는 아무런 의미가 없는 규칙과 법칙이 이 세상에는 참 많아요. 그럴 때 우린 그것을 따르지 않아요. 우린 무엇이 우리에게 좋고 무엇이 무의미한지 알고 있어요. 저는 마음이 많이 혼란스러울 때는 제 방을 정리하지 않죠. 방을 정리할 때는 아주 깨끗이 정리하고, 먼저 마음을 정리하는 것으로 시작한답니다. 저는 또 건강 보험이 무의미하게 보여요. 왜 내가 아플 거라고 기대하나요? 저는 제가 건강할 거라고 생각해요.

이 모든 것은 여러분으로 하여금 크리스탈 아이들을 이상화하고 이들을 절대적으로 믿게 하려는 것이 아니에요. 우리는 우리 나이가 몇 살인지 상관없이 사회나 우리의 이성으로는 구체적으로 상상이 가지 않는 것들을 지극히 많이 알고 있다는 걸 말하려는 것뿐이에요. 많은 사람들이 교만하고 오만하게 저를 대합니다. 그들은 자신이 이곳 지구에 더 오래 살았고 더 나이든 육체를 가졌기 때문에 더 많이 알고 있다고 생각해요. 엄청난 착각이에요! 우리가 세 살이든 열 살이든, 아니면 서른 살이든 상관없이 우리는 아주 많은 것을 알고 있어요.

우린 다른 사람들에게 무엇이 필요한지, 그들이 무엇을 잘못하고 있는지, 무엇을 바꿀 수 있는지, 어떤 에너지가 거기에 관련되어 있는지 등을 알고 느낍니다. 우리는 지구가 어떠해야 하는지 알고 있어요. 우리는 관계가 에너지적으로 또 인간적으로 어떠해야 하는지, 성性이 어떻게 충만해야 하는지 등에 대해서 알고 있어요. 그건 우리가 아직 물질 속에 그렇게 깊이 들어가 있지 않고, 우리 안에 아직 몹시 높은 진동을 지니고 있고, 우리의 느낌에 귀를 기울이기 때문에 아는 것입니다.

  대부분의 사람들은 많은 육화와 물질로의, 다시 말해 낮은 진동으로의 낙하를 거치면서 새롭고 이상한 에너지 패턴과 밀도에 익숙해졌고, 가볍고 단순할 수 있다는 것을 오래전에 잊어버렸거나, 어떻게 하면 에너지를 제대로 이용해서 좋게 작용하게 만들고 주변 환경과 자연 역시 평화롭게 할 수 있는지 잊어버렸어요. 우리는 여러분에게 우리가 다시 근원으로, 우리에게로 돌아가는 길을 발견하고, 누구나 내면에 지닌 옛 지식을 되살린다면, 삶이 얼마나 아름답고 단순해질 수 있는지 다시 기억하게 하기 위해 이곳에 있어요. ^^

  우리는 미래에서 왔어요. 우리는 미래의 에너지를 우

리 안에 지니고 있고, 여러분에게 그 에너지와 지식을 알려주려고 이곳에 있어요. 그건 누구나 내면에, 가슴속에 지니고 있어요. 단지 조금 숨어 있을 뿐이에요. 그런 까닭에 크리스탈 아이들에게 귀를 기울이고 그들이 몇 살이든 상관없이 완전한 인격체로 받아들이는 것이 많은 도움이 된답니다. 우린 지구에서의 법칙이 현재 어떻게 작용하고 있는지 알지 못해요. 우린 그것을 배워야 하고, 이상한 감정들을 이해하는 것을 배워야 하고, 낮은 진동을 이해해야 해요. 그리고 사람들은 우리를 통해 미래에는 어떻게 되어야 하는지 배울 수 있죠.

우리는 또 굉장히 호기심이 많아요. 우리는 모든 것을 알고 싶어해요. 육체가 어떻게 기능하는지, 성이란 어떤 것인지 모든 것을요. 왜냐하면 우리는 인간에게 아주 관심이 많거든요. 한 사람 한 사람 모두에게요. 그렇다보니 우린 사람들을 관찰하기 좋아합니다. 가끔은 아주 오래, 그들의 본질을 파악하고 세부적인 것들을 다 볼 때까지 관찰하기도 하죠. 우리는 그 사람들을 철저히 '스캔'하고 그들의 전 시스템―섬세한 에너지체와 영혼과 육체―을 투시해요. 그러다 가끔 원하지 않게 오해가 생기기도 하죠. 예를 들어 제가 한 남자를 오래 관찰하면, 그 남자는 제가 자기에게 관심이 있는 줄 알아요. 물론 관심이 있기는 하지만 그가 생각하는 그런 관심이 아니에요. 저는 단순히 그가 어떤 사람인지, 어떻게 사는지, 무엇을 생각하는지에 관심이 있는 것이지, 사귄다거나 그런 것에 관심이 있는 것이 아니에요. 몇몇 사람들은 제가 그들을 바라보거나 살펴보거나 투시하거나 하면 위협을 느끼거나 귀찮아하기도 해요.

한번은 한 친구가 제가 모든 사람들을 '스캔'하고 있다고 이야기해 준 적이 있었어요. 그 친구는 우리가 레스토랑에 앉아 있을 때 누가 들어오거나 지나가면, 저의 한 부분이 부재 상태가 되면서 그 사람을 바라보거나 살펴본다는 걸 눈치 챘죠.^^ 즉 저는 사람들을 얼른 체크하지만 저도 모르게 한답니다. 정보들도 무의식적으로 저장돼요. 그렇지만 그걸 다시 불러낼 수 있어요. 그렇게 제가 원하는 바에 따라 어떤 사람에 대해 거의 모든 것을 불러내고 선별할 수 있어요. 하지만 이 정보들은 항상 모든 사람들에게 도움을 주기 위해서만 이용합니다. 이 정보로 누군가를 이용하거나 약점을 들추어내려는 생각은 아예 해본 적도 없습니다. 어쨌든 저는 제가 원하는 것보다 훨씬 더 많이 지각하는 경우가 대부분이고, 그래서 일부러 더 이상 전혀 알고 싶어하지 않죠. 그래도 상담을 해줄 때는 아주 유용해요. 물론 저는 정보들을 무의식에 저장하거나 모든 태도를 알려고 하지 않는 것을 먼저 배워야 했답니다. 예를 들어 만일 학교 선생님이 여러분을 완전 섹시하다고 생각하고 있다는 걸 여러분이 갑자기 알게 된다면 얼마나 불편하겠어요……

감수성

우리는 사람들로부터 많은 에너지를 받아들이고 사람들에게 문제가 있으면 도와줍니다. 즉 우리는 다른 사람들의 문제를 알아차리고, 그 문제를 풀거나 거울처럼 비춰주지요.

학급 친구가 발표를 할 때면 저는 신경이 예민해지지만 정작 그 친구는 덤덤해요. 한번은 친구가 화장실이 급하다고 하는 거예요. 그런데 근처에 화장실이 없었어요. 나중에 친구가 제가 혹시 '그걸' 가져가지 않았냐고 물었어요. 왜냐하면 제게 화장실이 급하다고 얘기하고부터 더 이상 방광에 압박감이 느껴지지 않더래요. 그리고 저는 갑자기 화장실에 가야겠다는 느낌이 들었고요. 이런 이유로 우리는 사람들이 싸우면 견디기가 힘들어요. 우리가 그 에너지를 모두 받아들여서 변화시키느라, 혹은 그 에너지를 몹시 강하게 느껴서 그렇답니다. 우린 사람들이 싸우면 부정적인 진동도 감지해요. 그래서 누군가가 싸우면 그 진동을 견딜 수 없어서 그냥 그 자리에서 달아나는 수밖에 없는 경우가 생기기도 해요. (싸움의 경우, 물론 그 종류에 따라 다른데, 만약 어리석고 쓸데없이 에너지만 소모하는 싸움이라면 좋아하지 않아요. 하지만 각자 상대방을 존중하고 자기의 생각을 표현할 수 있는 명쾌한 싸움이라면 그 싸움은 아주 멋져요.)

우리는 많은 에너지를 받아들일 수 있지만 그것을 다시 우리한테서 떼어내야 해요. 무엇보다 우리는 곁에 있는 사람들이 자신들의 에너지를 직접 해결하도록 둬야 합니다. 우리는 아주 많은 것을 알고 있고 많은 것을 봐요. 우리는 모두에게 삶을 단순하면서도 훨씬 좋게 만들 수 있다는 것을 보여주고 싶어요. 우리는 사람들 모두를 진실로 사랑하기에 어떻게든 돕고 싶어요. 우리는 사람들에게 어떻게 하면 그들이 자신들의 삶을 다시 사랑하는 법을 배울 수 있는지 보여주고 싶어요. 그래서 우리는 그들의 에너지와 문제를 떠안아요. 하지만 사람은 누구나 스스로 배우고 체험하고 또 책임지지 않으면 안 됩니다. 우리가 그들의 문제와 좋지 않은 에너지를 떠맡아서는 안 돼요. 그 대신 우리 자신에게 집중해야 합니다. 왜냐하면 누구나 무엇인가를 배우기 위해서 자신의 문제를 원했고, 그 문제를 스스로 창조한 것이니까요. 그런데 우리가 그걸 전부 떠맡거나 가져가 버리면, 그 사람은 더 이상 그걸 해결할 수가 없죠.

그러므로 아무리 우리가 사람들을 변화시키고 싶고, 돕고 싶고, 또 그러기 위해 이곳에 있는 것이라고 해도 경계를 짓지 않으면 안 돼요. 문제를 해결해 주기보다 사람들에게 그저 작은 생각거리만 주고 단순히 이야기에 귀 기울여주는 것이 더 나은 상황도 있답니다. 그렇지 않으면 언젠가는 모두 감당하기 벅찬 상황에 처하게 될 수도 있어요.

간추려 말하자면, 우리는 진동을 감지하고 또 받아들이기도 합니다. 전에는 예를 들어 병원에 가면 오래 견디지 못했어요. 병원에는 특유의 아픈 에너지가 아주 많기 때문이죠. 우리는 모든 것을 느껴요. 생각, 감정, 원하는 것들, 두려움, 문제들 등등…… 우리는 다른 사람의 감정을 그대로 느껴요. 우리에게 거짓말을 하거나 우리를 속일 수는 없답니다. 이것을 다루는 일은 상당히 어려운 일이지만, 다행히 우린 이것을 차단할 수 있고 또 대부분 그렇게 합니다. 누군가가 우리에게 거짓말을 하거나 가슴이 하는 말을 하지 않을 때는 마음이 아프기도 해요. 대부분의 사람들은 자신의 가슴이 말하는 것을 전혀 몰라요. 그렇지만 우린 그걸 느낄 수 있죠.

그럴 때 우린 이렇게 할 수 있어요
우리는 우리를 보호하는 법, 우리의 감정에 집중하고 모든 것을 구분해 내는 법을 배워야 합니다. 특히 우리 자신에게 집중하고, 우리 자신을 중심에 놓는 연습을 하지 않으면 안 돼요.

저는 그런 상황에 처하면 지구와 연결합니다. 크리스탈 아이들은 대부분 상황이 마음에 들지 않으면 곧바로 달아나 버리고 싶어 해요. 우리는 지구에 잘 접지되어 있지 않아요. 그게 뭔지 몰라요. 그래서 우리를 지구와 연결하는 그라운딩grounding 훈련은 항상 좋습니다.

저를 그 사람에게서 분리하고, 뭔가 다른 것에 집중하고, 그 일에 거리를 두며, 그 일이 저와는 전혀 상관이 없다는 것을 자신에게 분명히 해요. 빛이 가득한 달걀, 즉 '빛의 달걀' 속에 자신을 넣고 빛으로 자신을 온통 감싸면 그렇게 할 수 있어요. 또 대천사 미카엘에게 모든 나쁜 에너지 장에서 분리시켜 달라고 요청할 수도 있고, 직접 그 에너지를 끊을 수도 있어요. 자기 자신과 자신의 에너지에 집중하고, 스스로에게 중심을 맞추는 것은 정말 중요합니다. 제 경우에는 "내 모든 에너지는 나에게"라는 말을 하거나 의식적으로 호흡을 하면 효과가 좋아요. 또 제가 "아이 엠I am"이라고 말하면, 제 에너지가 제 주위로 모입니다.

또 대천사 메타트론에게 요청할 수 있는 '빛의 망토'도 있어요. 그것으로 자신의 에너지를 자기 주위에 잘 감싸고 있으면서 자신에게 집중할 수 있어요. 이건 굉장히 간단해요. "메타트론 대천사님, 당신의 빛의 망토를 요청합니다. 감사합니다" 하고 말하면 돼요. 그리고 상황이 나빠질 경우엔 "메타트론 대천사님, 제 빛의 망토를 새롭게 해주시고 강력하게 해주세요. 감사합니다" 하고 말하면 돼요.

또 상황을 그냥 관찰해 볼 수도 있습니다. 이상한 감정이 들거나 불쾌한 느낌이 들 때, 그 느낌이 어디에서 기인하는 것인지 조용히 둘러볼 수 있어요. 판단하지 않고 그냥 관찰하는 거예요. 지금 주변에 누가 있는지 둘러보고 혹시 다른 사람이 느끼는 것을 내가 지금 느끼고 있는 건 아닌지 스스로에게 물어요. 그 후 긴장을 풀고 그게 내 자신의 감정이 아니라고 자신에게 말해요. 대부분의 감정은 우리의 영혼과는 아무 상관이 없고 에고나 이성과 더 관련 있어요. 내가 나에게 집중하고 내면의 흐름이 어떤지 조용히 관찰하면 마음이 편안해지고, 그 감정이 거기에 있다는 것을 그냥 용인할 수 있답니다.

/
낙천주의

우리는 모든 상황과 모든 사람에게 긍정적인 것을 봅니다. 모든 것은 긍정적인 면이 있기 때문이죠. 우리는 부정적인 면을 보고 질색하는 것보다 긍정적인 면으로 눈을 돌려 그것을 강조하고 부각시키는 것이 훨씬 더 좋고 쉽다는 것을 잘 알고 있어요. 아니면 그냥 단순하게 긍정적인 면에만 집중합니다. 우리는 우리의 삶과 시각을 직접 선택해요. 뭔가를 긍정적으로 볼 수도 있는데 왜 부정적으로 봐야 하나요? 저에게는 긍정적인 것이 훨씬 더 좋아요.^^ 그리고 그게 더 쉬워요.

우리가 어떤 것에 대해 긍정적인 태도를 가지면 그것을 받아들이기가 더 쉬워집니다. 받아들인다는 것은 진정한 기적이고 치료제예요. 왜냐하면 우리가 뭔가를, 부정적으로 보이는 것까지도, 받아들인다면 그건 멋지게 변형될 수 있고 또 해결될 수 있으니까요. 결국 모든 것은 '오케이'이고, 신은 우리를 있는 그대로 사랑합니다.

모든 것에는 긍정적인 면이 있어요. 모든 상황, 경험, 문제, 다툼, 전쟁 어느 것에나요. 제가 전에 이런 이야기를 했을 때 다들 저를 이상하게 보면서 그런 것들의 부정적인 면만 죽 나열했었죠. 그래서 제가 그럼 내기를 하자고 하면서, 모든 것에서 긍정적인 면을 찾아 보여줄 수 있다고 했어요. 그래서 사람들은 약 한 시간 동안 계속해서 부정적인 면을 찾아냈고, 저는 그걸 긍정적으로 만들었답니다.^^

고요함

우리는 우리 안에 커다란 고요와 평온함을 지니고 있습니다. 스트레스를 받았거나 신경이 예민해져 있는 사람들이 우리 옆에 있으면 마치 우리의 오라 안에서 쉬는 듯이 갑자기 아주 평화로워져요. 소리를 지르는 아이들을 우리의 에너지로 감싸주면 조용해지고요. 우리를 고요함 밖으로 내몰 수 있는 것은 아무것도 없어요. 우리에게 스트레스를 주거나 몰아세울 수도 없답니다. 그건 우리가 우리 내면의 시계에 따라 살기 때문이에요. 우리 내면의 시계는 고요함과 함께, 깨어 있는 의식과 함께 움직이죠. 우리는 신뢰와 믿음, 사랑, 희망 안에서 삽니다. 고요함에는 힘이 있어요. 우리는 성급하게 화를 내지 않고 금방 짜증을 내지 않아요. 우리는 단순하게 거기 앉아 있으면서 그저 존재하고, 내적으로 고요해지고, 그 순간을 누리는 것이 즐거워요.

반사

우리는 많은 것을 거울처럼 비춥니다. 감정들을 감지

하고 받아들이며, 그것을 변화시키거나 다시 반사하죠. 우리는 그 사람이 자신의 두려움을 받아들이고 놓아줄 때까지, 두려움이란 없으며 스스로 만들어낸 것일 뿐임을 알아차릴 때까지, 두려움이란 전혀 필요치 않고 모든 것이 다 오케이라는 것을 깨달을 때까지 그를 자신의 두려움과 직면시킵니다.

누군가가 우리를 질투하면, 우리는 그 사람이 그 사실을 이해하고 더 이상 질투하지 않을 때까지 그 사람을 질투해요. 우리로서는 가끔은 정말 불편하고 혼란스럽죠. 왜냐하면 우리는 원래 그렇게 질투가 심하지 않거든요. 그래서 우리가 느닷없이 다른 사람에게 질투를 느낄 때, 도무지 어떻게 된 일인지 스스로도 이해가 안 되죠. 대부분 우리는 우리가 뭘 하고 있는지 전혀 의식하지 못한답니다. 그저 뭔가 이상하게 행동하고 있다는 것만 느낄 뿐이에요. 이와 똑같이 누군가가 우리가 그의 두려움을 바로 코앞에 대고 비춰줬다는 이유로 우리에게 화를 내면, 우리는 이해할 수가 없어요. 그가 우리에게가 아닌 우리가 반사한 그의 두려움에게 화가 났다는 걸 우린 의식하지 못해요. 아주 복잡하죠.

크리스탈 아이인 티나의 예를 들어볼게요. 어느날 티나가 식탁에서 굉장히 신경질적이 되더니 갑자기 버릇없게 굴었어요. 엄마는 도무지 이해를 할 수가 없었지만, 티나는 계속 어이없을 정도로 한심하게 굴었고, 새아버지는 마침내 참을 수 없을 만큼 화가 나서 화를 분출하고는 편안해졌어요. 티나는 새아버지의 화를 감지하고 그가 화를 놓아주도록 돕고 싶었던 거였죠.

누군가가 뭔가를 부인하거나 외면하거나 억압하면 할수록, 우리는 그걸 더 강하게 느껴요. 에너지든 감정이든 무엇이든 간에 억누르거나 외면하면 오히려 더 커지고 강해지기 때문이에요. 하지만 그것을 받아들이고 용인하면 곧 매듭이 풀려요. 금지된 것, 해서는 안 되는 것이란 없으니까요.

다시 한 번 억압된 감정에 대해서 이야기할게요. 어떤 감정을 억누르고 외면하게 되면, 우리는 그 감정을 아주 강하게 느끼곤 합니다. 우린 대부분 그 감정과 우리를 동일시하거나 우리 자신의 감정이라고 생각하지만, 그건 상대방의 감정이죠. 그걸 구분하는 법을 배울 수 있답니다. 그 감정이 지금 나에게 속한 것인지 아닌지 가슴에 물을 수 있어요. 그러고 나서는 그것이 거기 있다는 것을 그저 받아들이고 용인해요. 만일 그 감정이 몹시 강하다면 굉장히 불쾌하죠. 왜냐하면 그 억압된 감정이 우리를 얽어매거나 억지로 다른 행동을 하도록 강요하니까요. 그래서 우리는 동물들과 함께 있거나, 의식이 깨어 있고 편안한 사람들과 같이 있거나, 그냥 평화롭게 혼자 있는 것을 제일 좋아해요.

이 반사는 사랑이랍니다. 우리는 그런 억압된 감정을 사랑으로 반사해요. 우리가 그 사람을 그 감정과 직면하게 하고, 그래서 어쩌면 크게 상처를 준다 해도 말이에요. 그런 감정 상태에 계속 있거나 외면하는 것은 아무 소용이 없으니까요. 우리는 그런 두려움의 틀 속에서 사는 것은 아무 도움이 되지 않는다는 것을 보여주고 싶어요. 여러분이 그 틀 속에서 사는 까닭은 여러분에게 아무 일도 일어나지 않도록 하기 위해서는 그 두려움의 틀이 필요하다고 생각하기 때문이거나, 그 틀을 부정적인 것이라고 판단을 내리고 외면해야 한다고 생각하기 때문입니다. 하지만 모든 것은 다 괜찮답니다.

두려움의 틀은 이렇게 만들어집니다. 내가 상처를 받

고, 뭔가 나쁜 일을 경험합니다. 그러면 그 일이 다시 일어날지도 모른다는 두려움 때문에, 그 일이 얼마나 좋지 않았는지 환기시키고 절대 다시는 그런 일이 일어나서는 안 된다는 것을 계속해서 상기시켜 주는 예방책을 세우고 틀과 지시 사항을 만듭니다. 그렇지만 이 지시 사항은 나를 구속하죠. 나는 '지금 여기'에서 살지 못하고, 매순간 자유롭지 못하게 돼요. 과거 속에서 살면서 그 과거의 사건을 질질 끌고 다닙니다. 나에게 상처를 안긴 그 사건을 두려움의 틀을 씌운 채로 내 안에 매일 안고 다니면서 그것에게 힘을 실어주죠. 그렇게 해서 그것은 점점 커져가고 점점 더 나를 짓누릅니다. 그 사건을 그냥 놓아준다면, 그대로 과거에 놓아둔다면, 훨씬 더 좋을 거예요. 우리는 매 순간 가끔은 의식적으로 또 가끔은 무의식적으로 배우고 있습니다. 그리고 우리는 모든 것을 모든 측면에서 받아들이고 있습니다. 그러므로 그런 예방책은 불필요해요. 오히려 자유롭게 사는 것을 방해하죠.

저는 이것을 걸음마를 배우는 어린아이와 비교해요. 아이는 일어서려고 하죠. 기쁨에 가득 차서 뭔가 새로운 것을 배우고 경험하고 싶어 해요. 하지만 아직 잘 할 줄 모르는 모든 것들이 그렇듯이, 걸음마를 완전히 습득할 때까지 아이는 계속해서 넘어집니다. 하지만 아이는 자신을 질책하지 않아요. 상처를 받지도 않고, 자신을 보잘것없다고 느끼지도 않죠. 아이는 자기가 그렇다는 걸 알고 있고, 자기가 배우고 있다는 것을 알고 있어요. 배우고 경험하는 것이 허락되어 있다는 것을 알죠. 그래서 아이는 기쁨에 넘쳐 일어나서 다시 한 번 해봅니다. 다시, 또다시, 계속! 만일 아이가 머리를 부딪쳤다면 아마 땅바닥에 조금 더 오래 주저앉아 있을지도 모릅니다. 그렇지만 아이는 다시 일어납니다. 왜냐하면 아이는 걷고 싶어 하니까요. 아이는 얼마나 오래 걸리든, 얼마나 많이 넘어지든 상관없이 자신을 사랑하죠.

만일 아이가 처음 넘어진 순간 두려움이 생겨서 그 예방책을 찾았다면, 어떻게 걸음마를 배울 수 있을까요? 어쩌면 더 이상 다시 일어서지 않거나, 부모가 계속 잡아줘야만 할지 모릅니다. 아이는 그렇게 걸음마를 배우지 않아요! 아이는 재미있게, 놀듯이 오직 호기심과 배우는 기쁨으로만 걸음마를 배웁니다.

우리가 여러분의 감정과 두려움을 비춰줄 때 그저 그것을 바라보고, 그것이 거기 있다는 것을 받아들이라는 말을 하고 싶어요. 그 두려움의 틀이 유용하다고 생각하나요? 그것이 여러분을 도와주나요? 만약 그렇다면 그것을 그냥 받아들이고 허용하세요. 그런 틀이 나쁘다고 말하는 게 아니랍니다. 그것은 가끔은 생존에 있어 꼭 필요하기까지 하죠. 그렇지만 상처가 이미 오래전에 다 아물었는데도, 그 틀을 계속 안고 다니는 것이 아예 습관이 된 경우도 있어요. 혹은 그것을 억압하거나 부끄럽게 여기기도 하고요. 하지만 부끄러워해야 할 것은 아무것도 없답니다.

여러분에게 무엇이 옳거나 그르다고 말하고 싶은 것이 아니에요. 왜냐하면 옳거나 그른 것은 없으니까요. 그저 여러분이 무엇을 하고 있는지를 보여주고 싶고, 그것이 정말로 원하는 것인지 생각할 거리를 주고 싶을 뿐이에요. 우린 여러분이 자신의 행동을 자각하도록 도와주고 싶어요. 우리가 반사하는 것을 보고 사람들은 우리에게 뭔가 악의가 있다고 오해하지만, 우리는 단순히 빛을 가져오는 것일 뿐이랍니다.

대부분 우리는 우리가 반사하고 있다는 걸 알아차리지 못해요. 우리는 자동적으로 반사를 하고는, '우리가 왜 그렇게 이상하게 행동했을까?' 하면서 놀라요.^^ 한 순간에서 다음 순간 갑자기 화가 나는 일은 자주 있죠. 왜 그런지 도무지 알 수 없지만, 그럴 때는 굉장히 기분이 나쁩니다. 그래서 저는 그 화를 풀어놓았고, 동료에게 빈정거려서 그를 화나게 만들었죠. 그랬더니 그 친구가 마치 폭탄처럼 폭발했어요. 저는 뭐가 어떻게 된 건지 이해할 수가 없었죠. '내가 왜 화가 났던 거지? 저 친구는 왜 저렇게 극단적으로 반응하지? 내가 뭘 한 거지?' 저는 바로 반사를 했던 거예요! 제 동료가 안에 가지고 있으면서 풀어놓아 주지 않은 화를 감지한 거였죠. 그 친구는 자신의 화를 무시한 거였고요. 그래서 저는 그의 화를 그에게 반사해 주었고 계속 성가시게 군 거지요. 이윽고 그가 화를 풀고 그 존재를 알아볼 수 있게 한 거랍니다.

그건 우리로서는 몹시 힘든 일이기도 해요. 왜냐하면 그럴 때 사람들은 "네가 나를 너무 화나게 만들어서 그렇게 소리를 지를 수밖에 없었다"는 말로 우리에게 죄책감을 덮어씌우거든요. 제가 죄책감을 느껴야 하나요? 저 자신을 자책해야 하나요? 어떻게요? 저는 제가 무엇을 잘못했는지 전혀 몰라요. 맞아요. 저는 자신을 책망할 필요가 없어요. 탓하고 비난하는 것은 어차피 어리석고 쓸모없는 일이에요. 저는 죄가 없어요. 우리는 모두 죄가 없어요. 죄는 아예 존재하지 않아요. 저는 단지 그를 도왔을 뿐이에요.

표면상으로 보면 제가 그를 화나게 만든 것이기 때문에 이 상황을 이해하기 어려울 거예요. 그렇지만 그 화는 제 것이 아니랍니다. 저는 그저 그것이 거기 있고, 풀려나고 싶어 한다는 것을 그에게 그렇게 보여준 것뿐이에요.

만일 우리 크리스탈 아이들이 우리가 그 상황과 전혀 관계가 없는 경우가 많다는 것을 자각한다면 좀 더 잘 비춰줄 수 있을 것이고, 또 우리 자신에 대해서도 훨씬 잘 이해할 수 있을 거예요. 그 상황은 우리 개인과는 전혀 관련이 없으니까요. 그 동료는 저에게 화를 내긴 했지만, 사실은 저 개인이 아니라 제가 그에게 반사해 준 자신의 화에 화가 났을 뿐이죠.

가슴의 언어

크리스탈 아이들은 텔레파시 능력이 있어요. 텔레파시

란 다른 게 아니라 모든 것과 대화할 수 있는 것을 말해요. 물리학은 모든 것이 진동한다는 것을 증명했죠. 그 진동을 이해하고 받아들이고 보내는 것, 그것을 텔레파시라고 불러요. 그것은 가슴 차크라에 연결된 심장으로 감지해요. 그래서 저는 텔레파시를 '가슴의 언어' 혹은 '사랑의 언어'라고도 부르지요.

크리스탈 아이들은 모든 진동을 받아들이고 그것을 무의식적으로 해석할 수 있습니다. 우리의 가슴 차크라는 많은 사랑을 밖으로 비추기 때문에 상당히 강하거든요. 우리는 사람들과 이야기를 나누듯 동물들과 이야기할 수 있어요. 소리 내서 말하는 것이 아니라 고요함 속에서 생각과 감정으로, 즉 진동으로요.^^ 그렇게 우리는 정신적인 세계, 에너지적인 세계를 지각할 수 있어요. 우리는 천사와 승천한 스승 등과도 이야기를 나눌 수 있어요. 부분적으로 오라를 보고, 천사들의 소리를 듣거나 느낄 수 있어요. 누군가가 우리에게 전화를 하면 느낌과 감정, 생각 등 진동하는 것은 모두 느낀답니다.

사람은 누구나 텔레파시로 의사소통할 수 있고, 또 대부분 무의식적이긴 하지만 그렇게 하고 있어요. 그러기 위해서는 가슴으로 가야 합니다. 가슴 차크라는 누구나

가지고 있고, 누구나 그것을 정화하고 되살릴 수 있으니까요. 우린 그걸 잘 도와줄 수 있어요.^^

가슴을 통해서 말하기 때문에 자기가 사람들에게 전혀 이해받지 못하고 있다고 느끼는 크리스탈 아이들이 많습니다. 그것은 많은 사람들의 가슴이 아직 잠들어 있거나 무감각하기 때문이에요. 그럼 우린 사람들이 우리의 말을 귀 기울여 들어주지 않고, 우리가 이해받지 못하고 있고, 우리를 보아주지 않는다고 느끼죠. 그건 우리가 가슴으로 보고 듣고 말하기 때문인데, 그건 정말 다른 차원이랍니다.

그래서 크리스탈 아이들은 말을 늦게 시작할 수도 있어요. 그건 그들이 언어의 의미를 이해하지 못해서 그렇거나, 사람들이 언어적으로 거짓말을 하고 있다는 걸 느껴서 그렇죠. 우리의 눈에는 가슴에서 말하는 것이 보여요. 그리고 가슴으로는 진실만을 말할 수 있죠. 그래서 크리스탈 아이들은 언어에 의미를 두지 않는 경우가 많아요. 그들의 고향에서는 가슴으로만 말하거든요. 또는 언제 말을 시작할지 직접 결정하고 싶어 하는 것일 수도 있고요.

자연과의 연결

이 부분은 '사랑과의 연결'이라고 이름 지을 수도 있습니다. 저에게 자연은 순수한 사랑 그 자체이기 때문이에요. 우리 크리스탈 아이들은 자연 속에 있거나 동물들과 함께 있는 것을 아주 좋아해요. 그건 그들이 조건 없는 사랑이기 때문이며, 또한 그들이 가슴의 언어로 말한다는 사실과도 관련이 있어요. 그들은 우리가 어떻게 행동하든 상관없이 사랑을 베풀면서 그곳에 있습니다. 가끔 우리는 조용히 뒤로 물러나 동물이나 식물하고만 이야기를 나눌 때가 있답니다. 그들은 우리를 이해하니까요. 그들은 우리의 조건 없는 사랑을 이해하고 우리의 슬픔을 느끼죠. 동물들은 서로 가슴을 통해서 대화를 해요. 우리와 동물 간의 대화도 그렇게 이루어진답니다.

그렇지만 많은 사람들이 그 언어를 잊어버렸어요. 그들의 가슴은 닫혀 있어요. 그럼에도 불구하고 사람들은 아직 가슴의 언어를 사용하고 있어요. 그걸 알아차리지 못하고 있을 뿐이죠. 그 언어 안에서는 거짓말을 할 수 없어요. 가슴의 언어는 굉장히 빨라요. 빛보다 더 빠르죠. 그리고 굉장히 정직하고 직접적이에요. 식물과 동물, 모든 자연이 이 가슴의 언어 혹은 사랑의 언어로 말을 하고 있어요. 그래서 우린 자연과 동물에게 이해받고 있다고 느끼죠. 사람들에게는 이해받지 못하고 있다고 느끼고요. 그건 사람들이 더 이상 가슴으로 대화하지 않기 때문이에요. 하지만 사람들은 다시 가슴의 언어를 배우고, 다시 가슴으로 말하게 될 거예요. 당연히 그게 훨씬 더 쉬우니까요.

우리가 자연 속에 있고 싶어 하는 또 다른 이유는, 자연은 믿을 수 없을 만큼 강한 치유의 힘을 가지고 있기 때문이랍니다. 자연, 어머니 지구, 동물, 식물은 가장 위대한 치유사예요. 자연 속에서 사람은 힘을 충전하고, 원기를 회복하고, 자신을 다시 채우고 즐길 수 있어요. 이것은 자연의 사랑, 우리에 대한 어머니 지구의 사랑입니다. 이 사랑은 모든 것을 치유해요. 우린 그것을 알고 있어요. 그리고 비록 대부분 무의식적이긴 하지만, 우리는 우리 안에 깊이 존재하는 느낌과 직관, 지식을 따릅니다. 아무도 우리에게 뭔가 다른 것을 말할 수 없어요. 무엇이 우리에게 좋은지는 우리만이 알고 있고, 우리가 알고 있는 것이 맞다는 것도 우리만이 알고 있으니까요.

★ 크리스탈 차원

저의 한 부분은 지구의 것이 아닌 다른 별, 더 정확히 말하면 다른 차원의 것입니다.

저는 이 차원을 아주 잘 기억할 수 있고, 지구의 삶을 어떻게 계획했는지도 기억이 납니다. 바로 이런 일이 있었죠. 수년 전, 지구의 존재들이 우리의 크리스탈 차원에 왔어요. 외부에서 우리를 방문한 일은 한 번도 없었기에 그건 굉장한 사건이었죠. 크리스탈 차원의 진동은 매우 높기 때문에 크리스탈체體가 아닌 존재는 아무도 우리에게 오지 않거든요. 어쨌든 지구를 위해 우리에게 온 그 존재들은 먼저 몇 년 간 진동을 높이는 연습을 해야 했죠.

그러고 나서 그들은 우리에게 와 지구의 상황에 대해 설명했어요. 지구는 지금 막 변화중에 있으며, 만일 우리의 에너지가 지구로 와서 자신들을 도와준다면 정말 멋질 거라는 이야기였어요. 그들은 또 현재 지구에서 진행되고 있는 과정에 대해 설명했지만, 지구의 사물과 단어들은 대부분 우리에게 생소해서 아주 조금밖에 이해하지 못했죠. 그들은 우리에게 누가 기꺼이 사랑으로 지구를 도우러 오겠는지 물었어요. 그래서 제가 자원했답니다.

그러고 나서 지구에서 온 그 세 존재와 저의 팀, 그리고 저는 탁자에 앉아 저의 삶, 삶의 과제, 삶의 계획에 관해 의논했어요. 지구의 존재들은 지구에서 해결되어야 할 일들과 우리에게 아주 잘 맞을 만한 것들이 모두 적힌 리스트를 가지고 있었어요. 저는 각 조목마다 이렇게 말했죠. "응, 그거 할게. 응, 그것도. 그것도 아주 재밌겠다. 그것도 할게."^^ 하지만 그들은 저를 말리면서 그게 그렇게 간단히 결정할 수 있는 게 아닌 이유들을 설명하려고 했죠. 물론 저는 이해할 수 없었지만요. 지구 상황이 어떤지 전혀 상상할 수가 없었고, 또 그들이 하는 말 중 어떤 것은 모르는 말들이었으니까요.

이윽고 저의 인생 계획이 정해지자, 엄마를 고를 수 있었어요. 누가 아버지인지는 이미 확실했죠. 그래서 저는 지구를 내려다보면서 어떤 여자가 제 과제를 잘 준비할 수 있도록 도울 수 있고 제게 필요한 것을 줄 수 있을지 보았어요. 그리고 출발하기 전에 조금 시간을 가졌어요.

제가 임신되기 전날, 저는 지구로 향하는 먼 길에 올랐습니다. 기쁨과 의욕과 사랑으로 가득한 팀원들이 제 앞과 옆, 뒤에서 함께 기나긴 여행을 떠났어요. 저는 제 사랑을 선사할 수 있다는 사실에 어마어마하게 기뻐했죠.

그렇지만 아래로 점점 더 떠내려갈수록 상태가 나빠졌

어요. 우선 제 팀원들이 더 이상 보이지 않았어요. 저는 '아니, 어째서 우리 팀이 줄어든 거지?' 하고 생각했죠. 하지만 더는 그 생각을 하지 않고 그냥 계속 떠내려갔어요. 그런데 아래로 내려갈수록 점점 더 불쾌해졌고, 더 이상 사랑이 느껴지지 않았어요. 지구를 둘러싼 오라 바로 앞에 왔을 때는 반도 못 되는 팀원들만 제 곁에 있다는 것을 알았죠. 조금 불안해졌지만, 그래도 용감하게 다시 계속 떠내려갔어요. 지구 오라 속으로 들어서자 상황이 몹시 나빠졌어요. 더 이상 제 동행들을 느낄 수 없었죠. 완전히 혼자인 것 같았고, 정말 끔찍했어요. 그렇지만 제가 가야 할 곳, 엄마의 뱃속으로 가야 한다는 것을 아주 정확히 알고 있었죠. 그리고 이렇게 생각했어요. '좋아, 눈을 꽉 감고 뚫고 들어가는 거야. 그렇게 나쁘진 않을 거야.' 그리고 계속해서 아래로 떠내려갔어요. 모든 것이 무겁게 누르기 시작했고, 차가웠고, 아팠고, 암울했어요.

그때부터는 어떻게 된 것인지 더 이상 모르겠어요. 아마도 엄마의 뱃속으로 들어간 것 같은데, 아주 많은 것을 잊어버렸죠. 그리고 만 열일곱 살이 되어서야 모든 지식이 다시 열렸고, 모든 것을 제가 원했고 결정했다는 것을 알게 되었답니다.

다시 크리스탈 차원 이야기를 할게요. 크리스탈 차원은 지구와는 아주 달라요.(제가 온 곳, 저는 그것을 크리스탈 차원이라고 이름 지었어요.) 그곳에는 다른 법이 있고, 다른 습관, 다른 진동이 있어요. 글로는 거의 표현이 안 되지만, 그래도 제가 어느 정도 설명할 수 있는 것은 여기에 적었답니다. 다음의 글들은 그동안 계속 비밀로 숨겨온 아주 소중한 것입니다. 이것을 이제 여러분에게 털어놓을 수 있게 돼 기뻐요.^^

크리스탈 차원의 특성

크리스탈 차원의 모습은 지구와 달라요. 차원 전체가 반짝거리며, 아주 밝은 파스텔톤의 색으로 빛나요. 그곳은 빛과 사랑으로만 이루어져 있죠. 색깔은 항상 똑같지 않고 계속 바뀌고, 서로 섞여 있어요. 그렇지만 같은 색이 아니라 무지개처럼 비슷하게 섞여 있지요. 그리고 부드러워요. 그곳은 모든 것이 다 부드러워요. 그리고 풍경은 마치 수채화를 보는 것 같아요. 색깔이 뚜렷하지 않고 물을 많이 넣어 엷게 만들고 흰색으로 밝게 해놓은 것처럼 서로 섞여 있어서 그렇답니다.

지구의 바다는 파랗게 보이고 대부분 같은 파란색 톤을 유지하고 있지요. 크리스탈 별의 바다는 그와 달라요. 어느 때는 하얀색이었다가 분홍색으로, 그러다 보라색으로 되고, 다시 흰색과 노란색이 섞인 색이 되었다가 민트색으로 물들어요. 그곳은 마치 태양이 굉장히 많은 스와로브스키 크리스탈(오스트리아의 크리스탈 제품 제작 업체―옮긴이)로 부서진 것 같아 보여요. 그렇게 많은 색깔이 만들어지면서 모든 것이 눈부시게 빛나요. 엄청나게 멋진 궁전에 있는 것처럼 반짝거리고 빛나죠.

크리스탈 차원에도 산과 언덕이 있지만, 둥글게 다듬어져 있고 같은 자리에 있지 않아요. 즉 한 곳에 고정되어 있지 않아요. 그곳은 인력이 없고, 모든 것이 달에서처럼 떠다녀요. 그래서 산이 마치 구름처럼 어느 때는 여기에 있다가 어느 때는 저기에 있고 그렇게 변해요. 지구에서처럼 딱딱하거나 모가 난 바위는 없어요. 모든 것이 부드럽고 온화하고 둥글고 아름다워요. 바다와 강도 아주 아름답지만, 수영을 할 수는 없어요. 왜냐하면 물이 없기 때문이죠. 모든 것이 물질이 아니고 비물질이에요. 그렇지만 항상 물속에 있는 것 같은 느낌이랍니다. 마치 수영을 하는 것 같은 느낌이 들어요. 항상 부드럽고, 아늑하고, 떠받쳐주는 느낌……

크리스탈 차원에서는 물질이라는 것을 몰라요. 모든 것이 유동적이고 마치 기체 형태와도 같죠. 그야말로 빛 같아요. 크리스탈 존재들은 땅을 걸어 다니지 않아요. 떠다니면서 껑충껑충 뛰죠. 사람들로서는 아마 상상하기가 어려울 것 같네요.

이 차원에 사는 존재들은 자기만의 특성이 없어요. 누구나 똑같아요. 우리는 모두 둥글고 다채로운 사랑과 빛의 공이에요. 이와 달리 인간은 자기만의 고유한 특성이 있죠. 관심사도 전혀 다르고, 다른 사람이나 감정들에 접근하는 법도 서로 다르고, 전혀 다른 육체를 가지고 있죠.

크리스탈 별에는 전체적으로 감정들이 별로 많지 않아요. 우리는 사랑과 행복, 만족, 기쁨, 조화, 고요, 여유, 아름다움, 향유 같은 것밖에 몰라요. 싸움, 미움, 질투나 그와 비슷한 다른 감정은 알지 못해요. 아니 그런 감정은 아예 없어요. 우리는 모든 크리스탈 존재들을 똑같이 대해요. 우리는 모두 사랑스럽고, 만족스러워하며, 행복감에 넘치고, 모두에게 상냥해요. 지구에서와 똑같이 우리도 뭔가를 보려면 눈을 떠요. 크리스탈 차원에서는 먹지 않아요. 음식물이나 식료품은 전혀 없어요. 우리는 우리 자신과 똑같이 항상 그렇게 거기에 있는 사랑과 빛을 먹고 살아요. 우리는 '있어요.' 온 종일이요. 그곳엔 밤도 낮도 없어요. 그래서 우리는 잠을 안 자요. '있음'은 우리가 매우 좋아하는 취미죠. 하지만 지구에서는 쉬어야 하고, 먹거나 명상을 '하지 않으면 안 돼요.' 크리스탈 별에서 우리는 그저 힘을 충전하거나 쉬기를 바라기만 하면 되고, 또 아주 즐겁게 그렇게 해요. 모든 것이 재미있어요. 우린 재미와 기쁨 그 자체죠.

우리에게는 직업이나 과제와 비슷하다고 할 수 있는 것이 있는데, 그걸 의식적으로 고르지는 않아요. 그냥 알아서 선택하죠. 그 직업은 아주 마음에 들어요. 그걸 아주 기쁘게 하거든요. 과제는 예를 들어 빛으로 있기, 기쁨을 퍼뜨리기, 웃기, 향유하기, 그리고 존재하기 같은 것이에요. 언제부터 일을 시작할지는 정해져 있지 않아요. 크리스탈 별에는 나이와 시간이 없어요. 어제와 내일도 없고, 오직 지금과 존재함만이 있어요.

크리스탈 차원의 규칙이나 법은 단순하지만 아주 광범

위해요. 각각의 규칙이 있긴 하지만 그것들은 모두 하나에 속하고, 각각의 규칙은 다른 모든 것에 영향을 미치죠. 크리스탈 존재들은 누구나 이 법을 자기 안에 지니고 있고 완전히 이해하고 있어요. 그것은 일종의 가슴의 규칙인데, 누구나 그것과 그것의 유용함을 내면화했기 때문에 그 규칙을 깨는 것은 아무런 의미가 없죠. 그것은 이곳 지구에서는 거의 알지 못하는 내면화로, 일종의 직관 같은 것이랍니다. 예를 들어 법들 중 하나는 "너 자신에게 상냥하라. 그리고 다른 모든 이들에게 상냥하라"예요. 아주 단순하게 들리지만, 그 법은 매우 많은 것들에 영향을 미친답니다. 크리스탈 차원의 법은 아주 간단해요. 하지만 엄청나게 큰 힘을 가지고 있고 아주 많은 것에 영향을 미칩니다.

크리스탈 차원에서의 관계는 각자 누구든 다 좋아하기 때문에 지구에서처럼 그렇게 다양하지 않아요. 지구에서는 연애 관계에 지나치게 의미를 부여하고 그에 대해 수군거리기를 좋아하고, 또 연애 관계가 없는 사람들도 많죠. 크리스탈 차원에서는 누구나 관계를 가지고 있지만, 지구에서의 연애 관계와는 전혀 달라요. 무엇보다 남자와 여자 같은 성이 없어요. 파트너도 없고, 둘만의 관계도, 우정도 없어요. 크리스탈 차원에서는 우리 모두가 형제자매이고, 모두가 하나이고, 서로 말할 수 없이 사랑합니다.

또한 우리는 육체가 없기 때문에 키스나 섹스도 없어요. 오르가슴 또한 없고. 그 대신 우리는 항상 오르가슴 상태와도 같은 느낌으로 살죠. 크리스탈 별에서의 기본적인 감정은 마치 갓 사랑에 빠진 감정과 같고, 우리는 항상 그렇게 느낍니다. 그건 롤러코스터를 탈 때와 비슷한 느낌으로 마치 오르가슴을 느낄 때와 비슷한데, 지구에서 최고의 감정이라 할 이 오르가슴의 느낌은 우리가 크리스탈 차원에서 느끼는, 그것도 항상 느끼는 그것과 비교해 보면 거의 아무것도 아니죠. 섹스가 존재하지 않기 때문에 아이들도 태어나지 않아요. 어쨌든 모든 존재들은 다 나이가 같아요. 시간이란 것이 없으니까요. 그러므로 아이들도 없고, 부모나 할머니 할아버지도 없어요. 모든 존재는 다 똑같고, 높낮이도 없고, 똑같이 가치 있으며, 모두가 소중합니다.

크리스탈 차원은 사랑으로 가득하고, 아름답고 편안하며 유쾌한 것들만 있어요. 모든 크리스탈 존재들 또한 행복이 넘치고, 유쾌하고 편안해요. 그래서 에너지도 아주 높고, 크리스탈 존재들이나 그보다 더 높이 진동하는 존재들만이 그곳에 다다를 수 있지요.

향수

이제 크리스탈 차원이 어떤지 대강 알게 되었으니 여러분은 제가 왜 고향을 그리워하는지 이해할 수 있을 거예요. 제 상태가 별로 좋지 않거나 문제라도 생기면 향수병이 아주 빨리 피어오르죠. 그리고 그곳의 사랑과 따뜻함, 유쾌함이 그리워진답니다. 그러면 얼른 다시 제 고향으로 돌아가고 싶어지죠.

그럴 때에는 크리스탈 차원을 기억하는 것이 도움이 된답니다. 그럼 대부분 크리스탈 별의 동료들이 지구에 있는 저를 내려다보고 있는 것을 봅니다. 그들은 싱긋이 웃으며 저를 봐요. 그리고 재미있는 춤을 추고, 항상 웃어주며, 모든 것을 아주 멋지다고 생각하면서 제게 용기를 줍니다. 그들은 저에게 감탄해요. 제 삶은 그들에게는 마치 텔레비전 드라마와 같죠. 크리스탈 별의 친구들은 제가 이곳 지구에 있는 것이 어마어마하게 멋지고 흥미진진

한 일이라고 생각해요. 그들은 지구 전체를 굉장히 흥미롭게 여기죠. 저도 그렇게 생각하고요.^^

그러고 나서 지구가 주는 모든 아름다운 것들을 생각해요.―색색가지 다채로운 색깔의 지구, 아주 많은 향기와 맛있는 음식들과 아름다운 물건들이 있는 지구, 아름다운 자연과 사랑이 가득한 동물들. 그리고 저 자신에게 직접 말하거나 다른 누군가가 제게 이렇게 말해주는 것도 도움이 됩니다. "웰컴 투 홈." 왜냐하면 향수에 젖어 있다는 것은 제가 이곳 지구를 집으로 삼아 살고 있고, 지금 한 인간으로 존재하고 있다는 사실을 순간적으로 잊어버렸다는 뜻이거든요. 저는 지구인이랍니다.^^

가장 많이 도움이 되는 것은 크리스탈 아이들과 만난다거나, 우리와 비슷한 에너지를 가지고 있는 크리스탈, 즉 수정과 대화하거나 그것을 손에 꼭 쥐고 있는 것이랍니다.

물론 우리 크리스탈 아이들은 우리 자신을 아주 평범하다고 느껴요. 저 역시 쇼핑하고, 청소하고, 웃고, 흉도 보는 지극히 평범한 사람입니다.

크리스탈 아이들이라고 해서 특별하지 않아요. 특별한 능력이나 재능이 있는 것이 아니라 단순히 다른, 좀 더 의식적이고 세상을 넓게 보는 시각과 다른 삶의 태도를 가진 것뿐이죠.

우리 크리스탈 아이들이 가진 능력은 모든 인간이 내면에 지니고 있어요. 대부분의 사람들의 경우 그 능력이 사라지고, 잊혀지고, 감춰지거나 숨겨졌죠. 틀과 두려움, 근심 걱정이 그 능력과 재능과 느낌으로 가는 통로와 가슴으로 가는 통로를 막고 있어요. 크리스탈 아이들이나 그들의 영혼은 아주 많은 빛과 사랑을 지니고 있고 또 만들어낼 수 있기에 그런 것을 아직 기억하고 있는 것이죠. 즉 크리스탈 아이들의 경우, 가슴으로 가는 통로가 열려 있고 막힌 곳이 없답니다. 크리스탈 아이들은 훨씬 적은 틀과 훨씬 덜 부정적인 구조를 가지고 있어요. 한마디로 좀 더 순수해요. 그 때문에 그들은 인간이면 누구나 가지고 있는 능력들에 직접 연결되는 통로를 가지고 있는 것이고, 그 길을 막고 있는 것이 훨씬 적답니다.―그들은 자기 자신으로 존재할 수 있고, 가슴으로 느낄 수 있으며, 자연스러운 한 인간으로 존재할 수 있지요.

우리 크리스탈 아이들은 인간이 얼마나 놀라운 존재인지, 삶이 얼마나 멋질 수 있는지, 얼마나 자유로울 수 있는지 보여주기 위해 이곳에 있어요. 우리는 여러분이 무엇인지, 우리 모두가 무엇을 할 수 있는지 잊지 않도록 상기시키고 있답니다. 우리는 베일 뒤에 있는 것들을 보기 때문에 모든 것을 긍정적으로 보고, 모든 것을 사랑하고, 모두를 사랑으로 만나기가 더 쉬워요. 우리에게는 모든 것을 믿는 것 또한 간단해요. 그리고 우리는 모든 것을 믿기 때문에 정신적인 세계와 이야기를 나눌 수 있어요. 우리는 신뢰해요. 그리고 두려움을 거의 알지 못해요. 그렇지만 이런 재능은 누구나 가지고 있고, 만일 사람들이 자신의 틀과 두려움을 놓아준다면 모두 그렇게 살 수 있어요.

우리는 존재해요. 모두가 존재해도 돼요. 우리는 커다란 지식을 가지고 있어요. 다시 말해 우리는 아픔과 슬픔이 아주 아름다울 수 있다는 것과 그것의 목적이 있다는 것을 알아요. 우리는 또한 상처받는 것에 대한 두려움이 없어요. 그래서 모두에게 열려 있고, 믿음과 사랑으로 만날 수 있답니다.

우리의 일곱 가지 감각은 온전히 존재하고, 활성화되어 있고, 각성되어 있어요. 그것을 통해 우리는 인간과 동물, 자연의 진동을 느껴요. 그래서 우리는 자연과 동물을 몹시 사랑합니다. 우리는 아름답고 치유의 힘이 있으며, 경이롭고 환상적인 그들의 진동과 사랑을 느끼니까요.

우린 음악도 몹시 좋아해요. 그 진동을 느끼고 음악이 우리의 영혼과 함께 무엇을 하는지 느끼거든요. 우리의 지각은 아주 명확해요. 왜냐하면 어떤 틀이나 두려움으로 인해 굴절되거나 막히거나 차단되어 있지 않으니까요. 우리는 우리 상태가 어떤지, 우리가 무엇을 느끼는지, 우리의 영혼과 육체와 정신이 무엇을 필요로 하는지 정확히 느껴요. 또한 다른 사람의 상태가 좋지 않으면 바로 알아차려요. 우리는 그 사람이 무엇을 느끼는지, 무엇을 생각하는지, 어디에 그의 문제가 있는지, 무엇이 그에게 도움이 되는지 등등을 알아요. 사람들이 다시 그들의 근원으로 돌아간다면 모두 그것을 알아차릴 수 있어요.

 그 밖에 우리는 화를 내거나 원망하는 일이 드물어요. 우리는 이해하니까요. 우리는 어떤 사람이 왜 우리를 부당하게 대하는지 이해해요. 또 어떤 사람이 왜 기분이 나쁘며 우리에게 호통을 치는지 알 수 있죠.

 크리스탈 아이들의 경우 가슴 차크라(신체의 심장 위치에 있는 에너지 센터)가 아주 크고 넓게 열려 있어요. 그로 인해 우리는 가슴으로 듣고 느끼고 보죠. 즉 우리는 생각을 느끼고, 다른 사람들의 감정을 지각하고, 전류 등을 느껴요. 결국 모든 것은 진동으로 이루어져 있고, 크리스탈 아이들에게는 이 진동을 감지하고 해석하고 이해하는 것이 쉽답니다. 그들은 거의 모든 것, 동물, 식물, 천사 등등과 대화해요. 그리고 그것은 모두 가슴을 통해서 이루어지죠. 가슴 안에 모든 해답이 있어요.

 크리스탈 아이들은 매우 많은 빛과 사랑을 지니고 있어요. 그들은 환한 표정을 짓고 정말 많이 미소를 짓죠.^^ 그들은 밝고 환한 모습을 통해 사람들이 자기 자신을 보도록 돕고, 틀을 치우고 스스로를 치유하고 자기 자신으로 존재하도록 돕습니다. 그러기 위해 크리스탈 아이들은 오직 존재하기만 하면 되고 빛나기만 하면 돼요.^^ 그들의 환한 빛으로 인해 다른 사람들은 자신의 두려움과 아픔 혹은 자기 자신과 직면하게 됩니다. 마치 크리스탈 아이들이 램프이기라도 한 것처럼. 그들은 말 그대로 빛을 만들어요. 그러면 사람들은 자신의 상처와 혼란, 쓰레기 혹은 그것이 무엇이건 간에 보게 되고 정리할 수 있게 됩니다. 크리스탈 아이는 빛일 뿐이요 혼란과 아무 상관이 없다는 것을 깨닫게 된다면, 크리스탈 아이와 함께 매우 많은 것을 배울 수 있고 치유할 수 있답니다. "아하, 크리스탈 아이가 여기 있고부터 내 인생이 뒤죽박죽이 되었군!" 하고 생각하는 사람들이 있어요. 하지만 우린 혼란이 아닌, 자기 자신의 혼란을 눈에 띄게 만들어주는 빛일 뿐이랍니다.

크리스탈 아이들의 에너지체는 섬세한 크리스탈 구조로 되어 있어서 아주 많은 빛과 사랑을 지니고, 운반하고, 환히 발산하는 것을 가능하게 해요. 이 크리스탈 구조는 매우 섬세하고 깨지기 쉬우며, 빛의 몸이 되는 과정을 마친 인간의 구조와 비슷하게 아주 강하고 환히 빛나요. 에너지는 지극히 높이 진동해요. 그래서 크리스탈 아이들은 술, 약, 커피 같은 낮게 진동하는 것은 잘 받아들이지 못합니다. 그런 것은 그들의 시스템을 완전히 교란시키거든요. 미움, 싸움, 질투, 두려움 등과 같은 낮은 진동의 감정들도 좋아하지 않아요. 그것들을 어떻게 다뤄야 할지 모르죠. 크리스탈 아이들은 그런 감정에 대해서 알지 못하고, 또 의미가 없다고 봅니다. 그들이 온 크리스탈 차원에는 사랑과 빛, 조화, 아늑함, 평화, 행복감 같은 것밖에 없으니까요. 그들이 이렇듯 빛으로 가득하고 깨어 있기에 크리스탈 아이들은 또한 서로 싸우는 것이 아무 의미가 없다는 것을 잘 알고 있어요. 그들은 언제나 무엇이 의미가 있고 무엇이 의미가 없는지 상당히 명확하게 보죠.

우리는 각성된 일곱 가지 감각을 가진 깨어 있는 인간이에요. 우리는 다른 사람들보다 더 낫거나 더 가치 있지 않아요. 우리는 '존재'해요.

★ 지구에서의 어려운 점

우리 크리스탈 아이들은 정신적으로 아주 발달한 존재입니다. 하지만 우리는 지구와 지구의 진동이나 법에 관해서는 아는 것이 거의 없어요. 그건 어렵고도 이상한 조합이에요. 우리는 삶에 관해 아주 많이 알고 있고, 우리를 가르치려 드는 것을 좋아하지 않아요. 우리는 존재하기 위해, 그리고 보여주기 위해 이곳에 있답니다. 하지만 동시에 지구에 관해 뭔가를—예를 들어 의식 있는 지구인의 도움을 받아들이는 것을 배우지 않으면 안 돼요. 이것을 조화시키기는 상당히 어려워요. 이곳 지구에는 완전히 다른 것들과 우리가 모르는 것, 아예 이해가 안 되는 것이 아주 많이 있어요. 전혀 불필요하고, 의미 없고, 번거로운 것들도 몹시 많고요.

사람들을 이해하지 못해서 생기는 당황스러운 상황도 많답니다. 가끔은 제가 마치 중세로 여행을 온 것 같다는 생각이 들 때도 있죠. 그래서 이곳이 다르다는 것, 그리고 나는 그야말로 다른 시간에서 왔다는 것을 배우는 것이 제게는 중요해요. 제가 느끼고 인식하는 것은 맞답니다! 제가 느끼고 아는 그대로, 이곳 지구도 미래에 그렇게 될 거예요. 제가 알고 있는 것처럼 이곳에서도 많은 것들이 달리 이해되고 사람들도 다르게 살게 될 거예요. 우리 크리스탈 아이들은 가슴속 아주 깊이 그것이 어때야 하는지, 그것이 어떤 느낌인지 알고 있죠. 누구나 자신의 가슴속 아주 깊은 데서는 알고 있어요. 그러므로 항상 여러분 자신을 믿으세요! 언제나 여러분의 느낌을 신뢰하세요! 여러분 주위에서 모두 뭔가 다른 것을 이야기해서 여러분이 흔들릴 때는, 여러분의 느낌과 가슴을 믿으세요.

우리 자신으로 존재하고, 느끼는 대로 살고, 생각하는 대로 말하고, 그리고 우리의 가슴을 따르고, 좌우 둘러보지 않고 우리의 길을 가기란 어렵습니다. 우리가 우리 자신을 있는 그대로 인정하고 받아들이는 것도, 주변 사람들에게 우리가 있는 그대로 받아들여지는 것도 어려워요. 무엇을 하지 않으면 안 된다고, 어디로 가야 하며, 어때야 한다고 사람들은 항상 말합니다. 하지만 그건 각자 혼자만이 아는 거예요. 다른 누구도 나의 길을 알지 못합니다. 우리에게는 우리 모습 그대로 순수하게 살 때, 그리고 외부로부터 계속해서 영향을 받거나 적응해야 하는 일 없이 살 때가 가장 좋답니다. 우리 자신만이 우리에게 무엇이 필요한지 가슴속 깊이 아주 정확하게 알고 있어요. 우리는 우리 자신과, 가슴과 잘 연결되어 있답니다.

다음에는 제가 중요하게 생각하는 것들, 제가 배워야 했거나 아직 더 배워야 하는 것들, 잘 하지 못하거나 알지 못하는 것 또 이해하지 못하는 것들을 들어볼게요.

경계 짓기, 집중하기

우리는 모두가 하나라는 것과 우리 모두 서로 연결되어 있다는 것을 알고 있어요. 그래서 우리는 경계라는 것을 모릅니다. 그러다 보니 가끔은 참 이상할 때가 있어요. 우리는 다른 사람의 아픔을 느끼고, 그것이 우리의 아픔이라는 느낌이 들어요. 우리는 다른 사람의 감정을 감지하고 그것이 우리의 감정이라고 생각합니다.

안타깝게도 그것을 이해하지 못하는 사람들이 있어요. 우리가 우리의 빛을 살아있게 하려면 경계 짓는 법을 배우고, 우리 자신에게 집중하고, 우리가 누구인지 알아야 합니다. 그렇게 할 때 우리는 살아있을 수 있고, 다른 사람의 문제에 빠져 같이 '허우적거리지' 않을 수 있어요. 다른 사람의 문제를 떠맡거나 그게 뭐든 다른 사람의 것을 받아들이지 않을 수 있고요. 우리는 무엇이 우리에게서 나온 것이고 무엇이 아닌지 배우지 않으면 안 돼요.

크리스탈 아이들은 많은 사랑과 빛을 지니고 있어서 대부분 인기가 좋아요. 거기에는 장점도 있지만 단점도 있어요. 단점 중 하나는 그것 때문에 우리를 질투하는 사람들이 있다는 거예요. 그건 참 어리석고 무의미한 일이라고 생각해요. 왜냐하면 우리는 결국 모두가 하나이고 누구나 각자, 크리스탈 아이건 아니건, 아주 멋진 능력을 가지고 있으니까요. 하지만 질투에서 비롯된 따돌림이나 다른 야비한 일들이 자주 일어나곤 합니다. 우린 그런 경우에 대처하는 법을 배워야 하고, 무엇보다 경계를 짓고 우리 자신을 지키는 법을 배워야 해요. 그러나 우린 그것을 썩 잘하지 못합니다. 우리는 인간의 선함을 믿고, 누군가가 뭔가 나쁜 의도를 가지고 있다는 것을 거의 상상도 못해요. 사실 악의를 가지는 것은 아무런 의미도 없죠.

우리는 모든 것을 존중합니다. 우린 거의 모든 것을 허용하고 많은 것을 지각해요. 우리가 다른 사람들의 경계를 느끼고 상대방도 자신의 경계를 인정하면 우리도 그것을 받아들입니다. 우리가 누군가에게 큰소리를 지르는 일이 드물듯 다른 사람의 경계를 넘는 일 역시 드물어요. 그리고 우리는 모든 사람에게서 긍정적인 것을 보고 그들을 신뢰하기 때문에 제한을 두지도 않아요. 그러므로 우리는 명확하게 거리 두는 것을 배워야 하고, "내가 여기에 있고 이것은 원하지만 그것은 원하지 않는다"고 말하는 것을 배우지 않으면 안 돼요. 또한 물론 대부분 무의식적으로 그런 것이지만, 뭔가 나쁜 의도를 가진 사람들이 있다는 것을 배워야 합니다.

우리는 '네 것'과 '내 것' 사이를 명확하게 구분하는 것을 배워야 해요. 어떤 것이 우리의 감정이고, 어떤 것이 우리 주위 사람으로부터 온 감정일까요? 무엇이 우리와 관련이 있고 무엇이 없을까요? 우리가 투명하기 때문에, 그리고 많은 것을 반사하기 때문에, 우리와 아무 상관도 없는 일에 우리를 탓하는 일이 많습니다. 그건 정확히 말하자면 우리가 반사해 주고 뭔가 보여주기 때문이죠. 사람들은 우리에게 화가 난 것이 아니라 우리가 눈앞에 보여준 자기 모습에 화가 난 것입니다.

또한 우리는 무엇이 우리에게서 나온 것이고 무엇이 우리가 살고 있는 공동체에서 온 것인지, 집단적인 것인지 아니면 다른 어떤 한 사람에게서 온 것인지 구분이 안 될 때가 많습니다. 저는 제 것이 아닌 감정이나 생각을 자주 느끼곤 했어요. 그리고 사실은 저와 아무 상관이 없는 일로 비난을 받는 일도 아주 많았죠. 또 제가 단지 어떤 공간에 들어섰을 뿐인데 사람들이 자기네가 공격을 받는 것처럼 느끼거나 질투하는 상황이 생기기도 했어요. 제가 뭘 말하거나 어떤 행동을 하지도 않았는데 말예요. 그래서 저는 의아해서 곰곰이 생각하기 시작했고 자세히 관찰했어요. 그리고 제가 그야말로 빛이라는 것, 제가 그 공간에 들어선 거울이라는 것, 그리고 불을 켜듯 밝게 비췄다는 것을 알아차렸어요. 많은 사람들이 저를 통해 그렇게 자신의 틀과 두려움과 억압한 체험을 봅니다. 만일 사람들이 그것을 알아차린다면 큰 도움이 될 거예요. 하지만 사람들은 그들의 두려움이나 틀을 저에게 투사하고 저에게 죄를 씌우곤 했죠. 하지만 언젠가 저는 그것이 전혀 제 것이 아니라는 것을 알았습니다.

무엇보다 중요한 것은, 자신에게 집중하고 자신의 에너지를 스스로에게 모으는 것이에요. 그리고 자기 자신에 머물고 자신의 에너지를 자신에게 머물도록 하는 거예요. 대부분의 사람들은 자신의 에너지를 끊임없이 상대방에게 두죠. '그는 뭘 생각할까? 뭘 하고 있을까? 뭘 필요로 할까? 원하는 게 뭘까?' 이런 식으로요. 중요한 것은 내가 무엇을 필요로 하고 무얼 원하는지, 내 상태가 어떤지입니다. 우리가 우리 자신에게 머물고 우리 자신을 돌보는 그 순간 우리는 이미 경계를 명확히 지은 것입니다.

자, 그럼 어떻게 하면 자신에게 집중하고, 자신의 에너지를 스스로에게 모으고, 자기 자신과 하나로 있을 수 있을까요? 저는 지구와 연결되어 있을 때, 제 안에 있으면서 지구와 연결되어 있을 때 가장 편안하고 좋답니다.

그라운딩

대부분의 사람들처럼 인디고 아이들과 크리스탈 아이들도 확실히 그라운딩grounding되어 있지 않아요. 우리는 높은 에너지와 진동을 지니고 있어서 이곳 지구에서 지구의 진동과 연결하는 것이 어렵답니다.

우리는 자주 지구의 진동에 거부감이 들곤 해요. 지구의 진동이 매우 무겁고, 느리고, 힘들고, 활기가 없고, 오염된 것처럼 여겨져서 그렇죠. 하지만 지구 또는 지구 에너지는 그렇지 않답니다. 그건 정확히 말하면 집단적인 것, 사방에 어지럽게 퍼져 있는 두려움들과 틀이죠.

어머니 지구는 사랑으로 가득하고, 아주 아름답고 편안합니다. 자연을 보면, 식물과 동물을 보면 알 수 있어요. 그들은 지구와 연결되어 있죠. 그들은 지구에 그라운딩되어 있고 사랑을 전파하고 있죠.^^

인디고 아이들과 크리스탈 아이들이 할 일은 지구에 에너지를 가져오는 거예요. 그러기 위해 지구와 연결하는 것이고요. 사람은 누구나 오른쪽 발바닥과 왼쪽 발바닥에 각각 그 사람을 어머니 지구와, 어머니 지구의 사랑과, 그리고 어머니 지구의 힘과 연결해 주는 에너지적인 뿌리가 있어요. 그 뿌리로 여행을 떠나 그것을 치유하는 것을 도와주는, 아주 간단하고도 효과가 좋은 연습법이 있답니다. 이 그라운딩 연습법은 카롤리나 헤헨캄프의 책《인디고 조언서 *Indigo-Ratgeber*》(이 책 앞의 "크리스탈 파동" 부분을 쓴 카롤리나 헤헨캄프가 2006년 독일에서 출판한 책으로 인디고 아이들과 편안하게 교류하기 위한 조언과 연습법을 소개하고 있다.—옮긴이) 117쪽에 나와 있어요. 그 연습법은 저를 아주 많이 도와주었죠. 그 책에는 지구에서의 삶을 위한 조언들이 많이 실려 있어요.

우리가 다시 치유된 뿌리를 가지게 된다면, 우리의 에너지가 치유된 뿌리로 흘러 들어간다면, 그리고 우리가 지구와 연결된다면 모든 것이 훨씬 더 편해질 거예요. 그 이유는 이렇답니다.

우리의 에너지체는 자주 우리의 물질적인 몸, 즉 육체 위에 떠 있어요. 에너지체의 발이 육체의 무릎 높이나 허리 높이쯤 있는 거지요. 그래서 우리 에너지체의 머리는 육체의 머리보다 훨씬 더 높이 있죠. 그로 인해 우리는 외부 세계를 훨씬 더 강하고 극단적으로 지각해요. 에너지체가 육체 안에 안전하게 깃들어 있지 않고 그야말로 공중에 자유롭게 떠 있으니까요.

우리가 우리의 육체 안으로 제대로 들어가고, 우리 내면에 집중하며 머물고, 지구와 연결하고, 에너지체가 정확히 육체 안에 있게 되는 즉시 모든 것이 훨씬 더 간단해지고 편안해질 거예요.

우리는 지구와 연결하거나 육체 안에 제대로 들어가는 것을 자주 두려워하지만, 그것은 우리를 자유롭게 해주는 방법이랍니다.

우리가 우리 안에 제대로 중심을 잡는다면 한결 편안해지고, 외부 세계를 그렇게 극심하게 느끼지도 않고, 우리가 누구이며 어디에 있는지, 어디에서 멈춰야 하고 어디에서 시작해야 하는지를 더 잘 볼 수 있을 것입니다.

잠

많은 크리스탈 아이들은 잠들 때와 잠에서 깰 때 힘이 들어요. 그 이유는 밤에 고향의 집으로 가는 일이 많기 때문입니다.

예를 들어 저는 잠들기 위해 아주 정신을 집중해야 합니다. 밤에 저는 제 크리스탈 차원으로 가는데, 그곳은 아주 멀죠. 잠이 들려면 주위가 정말 조용해야 해요. 에너지적으로도 고요해야 하고요. 마음 상태가 평화롭지 못한 사람이 저와 같이 자면, 저는 밤새 그 사람을 진정시키거나 치유하는 데 몰두하느라 다음날 아침엔 전혀 잠을 못 잔 것 같은 느낌이 들어요. 저는 제 에너지를 다른 사람에게 집중하지 않고 고향 별로 가는 데에 써야 하거든요.

잠드는 것은 제게는 정말 연습이 필요한 힘든 문제예

요. 잠이 들려면 무엇이 필요한지, 어떻게 해야 하는지 우선 배워야 했죠. 이미 말했듯이, 일단 잠이 들면 저는 아주 멀리 가 있어요. 그러니 자는 동안 제 주위에서 벌어지는 일을 전혀 모르죠. 너무 깊이 잠들어서 천둥이 쳐도 몰라요. 한번은 밤에 제 사촌동생이 옆에서 큰소리로 울부짖은 적이 있었는데 저는 전혀 몰랐어요. 한번 잠이 들면 정말 깊이 잠이 들거든요.

아침에도 잠에서 깨거나 다시 돌아오는 데에 시간이 많이 걸립니다. 예를 들어 제가 좀 더 오래 자야겠다고 생각했는데 누군가가 저를 깨우면 정말 괴로워요. 그건 제가 가 있는 차원에서 저를 억지로 잡아끌고 오는 것이어서 매우 아파요. 전에 누군가가 저를 그렇게 깨우면 하루 종일 언짢았어요. 정말 불쾌하고 기분이 나빴죠. 부모님은 그래서 저를 깨워서는 안 된다는 걸 일찌감치 알아차렸어요. 그건 물론 학교 다니는 데에는 좋지 않았죠. 그래서 정해진 시간에 일어날 수 있도록 저를 맞춰놓아야 했는데, 늘 힘이 드는 일이었죠.

다시 지구로 내려오기 위해 언제 일어나야 할지 맞춰놓거나 이른바 저를 '프로그래밍'해 놓아도, 완전히 다시 지구로 돌아오기까지는 여전히 시간이 좀 필요해요. 어쩔 때는 두 시간이나 걸릴 때도 있어요. 그렇게 천천히 돌아올 때에도 정말 조용해야 해요. 그럴 때 무슨 소리가 저를 지구로 잡아끌고 오면 아프답니다. 그래서 잠을 잘 자기 위해 저는 밤과 아침에 정말 조용해야 하지요.

지금은 잠들고 깨는 것을 아주 잘 조절할 수 있답니다. 제게 맞는 시간에 자러 갈 수 있고, 또 그럴 필요가 있으면 알아서 잠에서 깨고 일어날 수 있으니까요. 그건 정말 제게 매우 도움이 되고 좋아요.

우리 크리스탈 아이들이 아주 자연스럽게 스스로 잠에서 깰 수 있다면 가장 편할 거예요. 그러면 지구로 돌아오는 동안 부드럽게 도착할 준비를 할 수 있죠. 아침에 약속이 있다면, 그에 맞출 수 있고요.

/
감정 이해하기

이곳 지구에는 몹시 많은 감정과 그 표현 방법이 있어요. 아주 다양하게 선택할 수 있죠. 그 반면 크리스탈 차원에서는 그렇게 많은 감정이 존재하지 않아요. 오직 사랑, 기쁨, 신뢰, 믿음, 조화, 향유 같은 것만 있어요.

그렇지만 이곳 지구에는 질투, 두려움, 기대, 화, 아픔, 미움이 있죠. 우린 그런 이상한 감정은 이해가 안 돼요. 우린 그런 감정에 예민하게 반응하죠. 그런 감정을 알지 못하기도 하고, 또 사실 그런 감정은 전혀 의미가 없으니까요. 우리 크리스탈 아이들은 그 감정을 이해하지 못하고 거기에 아주 다르게 반응하죠. 제가 지금까지 그 감정들을 어떻게 이해했는지 간단하게 이야기할게요. 그렇게 해서 그것들을 한결 잘 다룰 수 있기도 했답니다.

기대

사실 이 감정은 '비신뢰'에 기인합니다. '비신뢰'라는 개념을 크리스탈 아이들은 알지 못하고, 또한 왜 사람들이 신뢰를 못하는지도 잘 이해할 수 없어요. 기대를 가진다는 것은 사실 뭔가를 바란다는 것과 전혀 다르지 않죠. 어떤 상황이나 어떤 사람이 이렇게 혹은 저렇게 행동하기를 바라는 거죠. 그렇지만 만일 신뢰가 있다면 어떤 상황을 바라고, 그것을 믿고, 신뢰하고, 내맡기죠. 만일 그것을 믿지 않는다면, 그것에 대한 신뢰가 없다면, 통제하고 싶고 붙들고 놓지 않고 싶겠죠. 즉 기대하는 거죠. 자신이 바라는 바를 손에 꽉 잡고는 그것이 이루어지도록 애를 씁니다. 하지만 그렇게는 되지 않아요. 바라는 소망은 그것을 놓아 보낼 때만 이루어집니다. 기대한다는 건 마치 소망이 적힌 편지에 우표를 붙이고 이름과 주소를 쓰긴 했지만, 부치지 않은 것과 같아요. 편지를 부치지 않으면 편지가 도착하지도 않고, 답장도 받을 수 없죠.

이렇게 통제와 '비신뢰'가 따라붙는 소망에 우리는 과민하게 반응해요. 그건 정말이지 어울리지 않으니까요. 만일 누군가가 제게 뭔가를 기대하면서 꽉 붙들고 있다면, 전 그걸 들어줄 수 없어요. 그럴 땐 제 안의 모든 것이 그걸 하고 싶지 않게 막아요. 누군가가 저를 신뢰하지 못하면 아무것도 할 수 없죠. 편지는 제게 도착하지 않고, 저는 답장을 할 수 없답니다.

/
질투

질투는 자기 자신을 볼 줄 알고 자기 자신을 사랑할 줄 아는 능력의 부재에요. 혹은 자기 자신에 대한 과소평가죠. 제 주변에는 저를 질투하는 사람들이 많이 있었어요.

저는 그걸 이해하지 못했죠. 저는 제가 누구인지, 무엇인지, 그리고 제가 얼마나 멋진지 알아요. 그렇지만 다른 많은 사람들은 자기 자신에 대한 그런 모든 것을 모르고, 오히려 자신을 작고 보잘것없다고 여겨요. 그리고 제가 그들 옆에 저의 크기대로 서 있으면 질투를 해요. 그들도 저와 똑같이 크고 멋진데 말이죠. 다만 그들은 그걸 보지 못할 뿐이에요. 그들이 저와 대립하는 데 그들의 에너지를 쓰지 않고 자신을 위해 써서 원래 크기대로 커진다면 훨씬 더 좋을 텐데 말이에요. 제게 화를 내거나 못되게 구는 건 아무 쓸모가 없어요. 왜냐하면 저는 그들이 왜소하게 느끼는 것과는 아무 상관이 없으니까요. 전에는 죄책감을 느끼고 저를 작게 만들려고 했었죠. 하지만 그건 가능하지 않답니다. 만일 누군가가 질투를 하고 있다면 그건 바로 그 사람이 자신을 과소평가하고 있다는 뜻이고, 그건 저와는 별 상관이 없는 거니까요.

   제가 그 점을 받아들이게 되자 질투하는 사람들과 덜 마주치게 되고, 그게 더 이상 신경 쓰이지 않게 되고, 그런 일이 전보다 눈에 덜 띄게 되었답니다. 그건 제가 그걸 이해했기 때문이에요. 그걸 개인적으로 받아들여 반응하는 대신 그냥 받아들였기 때문이죠. 누구나 자기가 원하는 것을 할 수 있고, 원하는 것을 느낄 수 있어요.

두려움

 두려움은 뭔가 아주 이상한 거예요. 두려움이란 것을 파악하고 이해하는 데 정말 오래 걸렸어요. 왜냐하면 그게 계속 도망을 갔거든요. 결국 두려움은 환상이에요. 그건 대부분 상처와 관련이 있어요. 언젠가 공격을 받은 일이 있었고, 상처를 받았거나 뭔가 다른 일이 있었죠. 그리고 신뢰를 완전히 잃고, 두려움이 생겼어요. 다시 무슨 일이 일어날 거라는 두려움이요. 그렇지만 만일 다시 좋아질 것이고 모든 것이 괜찮다고 신뢰한다면, 두려움을 가질 필요가 없고 모든 것은 괜찮아질 거예요.

 우리 크리스탈 아이들은 두려움이란 것을 전혀 몰라요. 우리는 세계가 어떻다는 것을, 세계가 안전하다는 것을, 두려움을 가질 이유가 정말 하나도 없다는 것을 보기 때문이죠. 저는 두려움을 인간이 스스로 만들어낸 감옥으로 봅니다. 상처받은 어떤 사람이 자신의 고통으로 인해 무조건 자신을 지키지 않으면 안 된다고 생각합니다. 그는 고통은 나름의 목적이 있고, 심지어 아름다울 수도 있다는 것을 이해하지 못했죠. 그는 그 상황을 스스로 만들어냈습니다. 그리하여 다시는 그 일이 일어나지 않도록 그것으로부터 자신을 지켜야 한다고 생각합니다. 그는 자신의 주위에 울타리를 둘러치거나 높은 담을 쌓고 자신을 직접 안에 가두고는, 이제 그것을 보호라고 생각합니다. 하지만 그렇게는 더 이상 자유롭지 않죠. 그는 자기가 만든 벽 속에서 안전하다고 여기고, 올바른 행동 법칙을 만들어냈다고 생각해요. 하지만 우리는 언제나 안전합니다. 어떤 순간에도요. 나쁜 것이란 없어요. 모든 것은 다 그 이유와 긍정적인 측면이 있으며, 우리는 그것을 선택했어요. 그러니 우리는 다시 긍정을 믿고, 선을 생각하고 또 믿어야 해요. 그러면 두려움은 곧 사라집니다. 두려움은 이성理性에 의해 만들어진 유령이에요. 두려움을 눈앞에 두고 가만히 들여다보면 그게 단지 거품일 뿐이라는 걸 얼른 알아차리게 됩니다. 우리는 또한 우리의 가슴으로 가서 느껴볼 수 있어요. 그러면 아픔이 올라오곤 하죠. 그렇지만 우리는 그것을 받아들이고 씻길 수 있어요. 예를 들어 눈물로요. 그리고 나면 두려움은 떠나가지요. 두려움을 그저 사랑으로 꼭 안아주는 것도 많은 도움이 된답니다.^^

분노, 싸움

우리는 분노나 싸움을 전혀 좋아하지 않아요. 그건 아무 의미가 없으니까요. 만일 누군가가 저에게 화를 내거나 못되게 굴면, 저는 그냥 그것을 받아들여요. 저는 왜 그가 화가 났는지 알고 이해해요. 그의 분노의 원인이 제가 아닐 수도 있겠죠. 또 설사 제가 원인이라고 해도, 같이 화를 내는 것은 아무 소용이 없어요. 그보다는 나쁜 감정을 그냥 허용하고 사랑을 보내는 것이 훨씬 더 의미가 있어요. 그렇게 하는 것이 모두에게 유익하죠.

그렇지만 안타깝게도 분노와 싸움의 방식으로 다른 사람의 에너지를 빨아들이는 사람들이 있어요. 분노도 에너지니까요. 즉 제가 만일 누군가에게 화가 나면, 그에게 '분노' 에너지를 보내죠. 유감스럽게도 그 에너지를 먹고 사는 사람들이 있어요. 그것이 에너지 낭비이자 사랑의 결핍인데도 말이에요. 그건 마치 서로 사과를 집어던지는 것과 같아요. 그로 인해 두 사람은 멍이 들고, 아주 많은 사과가 망가지고 버려지죠. 그것으로는 사과잼조차 못 만들어요. 그러니까 '사과 싸움'으로는 쓸 만한 것이 전혀 나오지 않죠. 그런데 왜 그렇게 많은 사람들이 끊임없이 사과를 집어던지는 걸까요?

만일 누군가가 우리 크리스탈 아이들에게 사과를 던진다면, 우리는 피해서 사과를 받고 사랑을 던져줘요. 그것만이 생산적이니까요.

물론 명쾌한 분노도 있어요. 분노하되 자기 결정권을 가지고 자신이 무슨 생각을 하는지 명확하게 이야기하는 거죠. 그건 불쾌하지 않고 힘이 있어요. 하지만 죄책감 없이 그렇게 할 때만 그렇지요. 어떤 사람이 자기가 무엇을 느끼는지, 무엇이 자기를 분노하게 만드는지, 자기의 고충이 무엇인지, 비난하지 않고 말하고는 그저 맡겨둘 때, 그럴 때는 좋답니다. 당연히 모든 것을 참아야 할 필요는 없죠. 하지만 이유 없이 화를 낸다든가 원망을 잔뜩 품고 화를 내는 건 한마디로 무의미하고 어리석은 일이에요.

우리는 누구나 우리 곁에 다가오도록 마음의 문을 많이 열어놓아요. 만일 우리가 상처를 받으면 우리 내면으로 물러나죠. 방어하거나 반격하는 것은 크리스탈 아이들의 눈에는 의미가 없어 보여요. 누군가가 에너지가 필요해서 우리를 화나게 만들려고 한다면, 그건 결코 좋지 않은 방법입니다. 에너지에 다가서는 방법은 아주 많아요. 사람은 누구나 내면에 매우 많은 에너지와 사랑을 지니고 있죠. 아무튼 그렇게 되면 우린 슬퍼져요. 그 사람 자신도 결국 상처를 입으니까요. 하지만 우린 그에게 그만하라고 말하지 않고, 대신 뒤로 물러나요. 그 사람을 제지하지도 않고 싸우지도 않아요. 우린 그가 원하는 것이 무엇인지 아주 잘 알거든요. 우린 그냥 그걸 주거나 뒤로 물러나 슬퍼하면서 그 사람이 왜 그런 식으로 행동하는지 의아해하죠.

가장 좋은 것은 분노와 싸움을 개인적으로 받아들이지 않는 것, 분노가 우리에게 접근하지 못하게 하고, 단순하게 그냥 관찰하는 것입니다. 분노는 그들에게 머물러 있어야 해요. 왜냐하면 그건 우리와는 전혀 관련이 없기 때문입니다. 부모님이나 다른 사람들은 우리가 그들을 화나게 했다고, 신경이 곤두서게 만들었다고, 슬프게 만들었다고 말하곤 해요. 하지만 그건 맞지 않아요. 자기 자신 외에 누구도 그런 상황을 만든 사람은 없으니까요. 타인은 단지 아픔이나 상처나 그 밖의 것들을 상기시켜 줄 뿐이고, 자신의 삶에서 만나는 것들은 결국 자신이 스스로 만들어낸 것이니까요. 우리 크리스탈 아이들은 아주 투명해요. 우린 사람들의 고통과 아픔을 아주 뚜렷이 보기 때문에, 자동적으로 그리고 무의식적으로 그들에게 그 고통이나 아픔에 대해 주목하도록 만들어요. 그렇게 우리는 사람들이 흔히 못 보는 부분에서 그들을 돕는 것이랍니다. 그건 나쁜 일이 아니에요. 우리 자신을 위해서도, 그것이 우리와는 아무 관련이 없다는 것, 우리는 오로지 그들이 그것을 받아들이고 치유할 수 있도록 하기 위해 주의를 환기시킨 것뿐이라는 것을 알아야 해요. 누군가가 분노하게 되었다는 이유만으로 우리를 바꿀 필요가 없어요. 우리는 완전해요. 우리는 신성해요. 인간은 누구나 신이에요.

또한 저는 제가 그 자리에 있는 것만으로도 사람들을 '화나게 만든다'는 것도 알았어요. 제가 뭘 하든 무슨 말을 하든 상관없이, 그저 어떤 공간에 들어섰을 뿐인데도 가끔 사람들은 화를 내요. 그래서 우리 크리스탈 아이들은 마치 가로등과도 같다는 것을 알아차렸죠. 우리는 빛을 비춰요. 우리가 가는 곳이 어디든 우리는 불을 켜요. 그렇지만 불이 켜지면 어떤 사람들은 그들의 그림자, 더러움 혹은 쓰레기를 봅니다. 불빛의 도움으로 쓰레기를 치우고 정리할 수 있긴 하지만, 슬프게도 모두가 그걸 보지는 못해요. 사람들은 흔히 가로등이 지금 저기 있기 때문에 내게 쓰레기가 생겼다, 가로등이 없다면 쓰레기가 없을 거라고 생각합니다. 하지만 그건 잘못 본 거예요. 그들은 여전히 그걸 가지고 있어요. 못 보는 것뿐이죠.

인간을 이해하기

우리는 지구의 많은 사람들을 이해하지 못해요. 그리고 우리 자신도 잘 이해 못할 때가 많답니다. 다른 사람들은 우리가 누구인지 못 봐요. 그들은 우리가 느끼는 것을 느끼지 않고, 우리가 보는 것을 보지 않아요. 그리고 우리가 듣는 것을 듣지 않아요. 그 이유는 아주 간단해요. 많은 사람들이 더 이상 그렇게 할 수 없어서 그렇답니다. 그걸 잊어버렸고 잃어버린 것이랍니다. 감정을 느끼고, 생각을 느끼고, 지금 무슨 일이 진행되고 있는지 느끼고, 무엇이 진실이고 무엇이 아닌지 알기 위해서는 열린 가슴이 필요해요. 그렇지만 많은 사람들이 삶에서 자주 상처를 받았고, 그로 인해 가슴을 닫았어요. 가슴은 깊은 겨울잠에 들어 있고 더 이상 여름 공기를 느끼지 못해요. 많은 사람들이 우리를 알아차리지도 이해하지도 못하죠. 우리는 가슴을 통해 말하니까요. 그들의 가슴이 잠들어 있으면 가슴의 귀 역시 듣지 못합니다. 그건 그들이 나쁘다거나 이상하다는 말이 아니에요. 사람들이 여전히 가슴의 귀가 있다는 것을 모른 채 잊어버리고 산다는 것이죠.

그래도 우리 크리스탈 아이들은 그걸 아주 잘 기억할 수 있어요. 그래서 우린 우리가 이해받지 못하고 있고, 사랑받지 못하고 있고, 뭔가 다르고 이상하다고 느끼는 일이 아주 많습니다. 그렇지만 실제로는 우리는 같아요. 단지 우린 깨어 있고, 다른 사람들은 아직 잠들어 있는 것뿐입니다. 가끔은 그 사실을 잠든 사람도 깨어 있는 사람도 모를 때가 있어요. 잠든 사람은 이렇게 생각하죠. "허 참, 저 사람들 진짜 이상하네. 도대체 무슨 소리를 하는 거야? 저건 불가능해. 저런 건 알 수가 없는 거야. 느낄 수도 없는 거고. 저 친구들 참 순진하네." 그리고 깨어 있는 사람들은 속으로 이렇게 생각해요. "허 참, 하지만 난 느껴. 나는 알아. 혼란스럽지만 모든 게 이렇게 명확한 걸."

그러니 크리스탈 아이들 여러분, 여러분이 느끼는 것은 맞습니다. 여러분이 알고 있는 것은 맞습니다. 여러분이 생각하는 것은 맞습니다. 자신을 믿고, 자신의 느낌을 믿으세요. 여러분은 옳습니다. 여러분 존재 그대로 그렇게요.

육체

크리스탈 아이들의 몸은 에너지적으로 봤을 때 다른 구조, 즉 크리스탈 구조로 되어 있어요. 이 구조는 인간 또한, 예컨대 빛의 몸이 됨으로써 이룰 수 있습니다. 우리 크리스탈 아이들은 태어날 때부터 이 구조를 가지고 있어요. 즉 에너지체, 멘탈체, 감정체, 에테르체 등등 육체를 둘러싼 에너지체의 구조가 아주 미세하고 투명해요. 그래서 우리는 많은 빛을 지니고 밖으로 발산할 수 있어요. 이 구조가 우리를 지구로 오는 것을 가능하게 해주었어요. 우리의 에너지는 지금의 지구 진동과는 너무 다르고 높기 때문이죠. 이 구조는 굉장히 섬세하고 아주 부서지기 쉬워요. 특정한 진동은 거의 받아들이지 못하죠.

저는 예를 들어 마약을 받아들이지 못해요. 진동 하나만으로도 술과 담배 등은 저를 밀어내요. 저는 지금껏 술을 마시거나 담배를 피우고 싶은 생각이 든 적이 한 번도 없어요. 그게 왜 그런지 정확히 알 수 없었는데, 한번은 누군가가 제게 장난을 친 적이 있었어요. 같이 연극을 하던 동료가 코미디극 공연의 마지막 날 제게 물 대신 술을 따라주었죠. 저는 겨우 두 모금만 마셨을 뿐이었는데 그걸로 충분했죠. 그 다음 벌어진 일은 정말 좋지 않았어요. 술이 식도를 따라 내려가는 것이 생생하게 느껴졌고 위장이 불타기 시작했죠. 저는 금세 어지러워지고 정신을 차릴 수 없었어요. 대사를 떠올리려고 엄청나게 애를 써야 했죠. 휴식 시간이 되자 모두들 재미있어했지만, 제가 전혀 재미있게 생각하지 않는다는 것과 제정신이 아니라는 것을 알게 되었죠. 다 외웠던 대사가 기억 속에서 사라졌고, 제 상태는 말이 아니었어요. 저는 앉아서 제 천사에게 도와달라고, 이 상황을 다시 제대로 해달라고 기도했어요. 하지만 눈을 감자 상태가 더 나빠졌어요. 천사를 전혀 느낄 수가 없었죠. 마치 하늘과 천사들과 단절된 듯한 느낌이었어요. 그 후로 제가 왜 술을 좋아하지 않는지, 왜 술을 마시지 않는지 확실히 알게 되었답니다.

그 밖에 크리스탈 아이들의 가슴 차크라는 아주 크게 열려 있어요. 그곳을 통해 많은 사랑이 흘러나오지요. 가슴 차크라가 열려 있을수록 더욱 민감해져요. 하지만 그건 우리를 상처받기 쉽게 만듭니다. 예를 들어 누군가가 저에게 분노와 부정적인 감정으로 큰소리를 지르면, 그건 저를 때려눕히는 것이나 다름없어요. 제 가슴은 아주 크게 열려 있고, 그 감정이 너무 세차고 무거워서 그런 일이 있으면 두 시간은 족히 울 수 있답니다. 너무 아프고, 또 제 크리스탈 네트net가 심하게 흔들리니까요. 또한 누군가 저를 야단치거나 비난하면 슬퍼요. 그 사람이 말을 꺼내기도 전에 저는 그가 무엇이 필요하고 제게 무엇을 원하는지 느끼죠. 하지만 그 사람이 그것을 기대하거나 어떤 틀을 가지고 자기 자신을 가로막을 때는 그것을 줄 수가 없답니다. 그냥 보통 말하듯이 평범하게 말하는 것으로도 충분해요. 크리스탈 아이들에게는 소리를 지를 필요가 없어요. 그건 아무 소용이 없답니다. 일반적으로도 큰소리를 지르는 것은 아무 쓸모가 없죠. 만일 여러분이 그것을 명확하게 알고 확신한다면 여러분 주변 사람들도 그렇게 할 것입니다.

성性

　이곳 지구에는 아주 이상하고도 아름답지 않은 성이 영위되고 있어요. 저는 사람들이 어떻게 사랑 없이, 닫힌 가슴으로 서로 '사랑할' 수 있는지 전부터 깜짝 놀라곤 했습니다. 우리 크리스탈 아이들은 아주 민감해서 잠자리에서도 많은 것을 느껴요. 우리는 우리의 파트너가 무슨 생각을 하는지, 무엇을 원하는지, 무엇이 필요한지 느끼죠. 저는 정말 순수하게 중립적으로 성에 대해 편하게 이야기 나눌 수 있고 설명해 줄 수 있는 사람을 찾아보곤 했어요. 누군가와 어떤 테마에 관해 이야기를 나누면 그 테마에 대한 그 사람의 감정, 두려움 등등을 그대로 느끼는데, 저는 성에 대해 정말 편안하고 중립적인 감정으로 이야기하는 사람을 아무도 발견하지 못했어요. 대부분의 사람들은 그런 이야기를 당황스럽고 불편하게 생각하거나, 섹스에 대해 이야기하는 것이 적절하지 못하다고 생각해요. 그들이 직접 시인하지는 않았지만 느낄 수 있죠. 그런 이야기가 당황스럽지 않다고 주장하는 사람들도 몇몇 있지만, 결국은 그들도 마찬가지예요. 알아차리지 못할 뿐이죠. 또 저에게 성에 대해 뭔가 이야기하는 사람들도 있었지만, 그게 모두 허튼소리라는 걸 확실히 알았죠.

아무도 성에 대해 모든 측면에서 설명해 주지 못했기 때문에 저는 사방으로 정보를 구했어요. 내면 깊이 그것이 어떨 것이라는 것을 알고는 있었지만, 자세히 표현할 수는 없었죠. 그리고 종교가 신과 사랑에 대해 이야기하면서 성이나 여성을 순결하지 못한 것으로, 죄악으로 설정하는 것을 이해할 수 없었어요. 그건 서로 맞지 않는 모순이죠. 죄란 존재하지 않아요. 그리고 성은 사랑의 체험이자 지구상에 존재하는 가장 신성한 것이에요. ─물론 두 파트너가 순수하게, 사랑과 존중을 가득 담아서 성을 영위할 때 그렇죠. 저는 성을 "육체적·정신적·영적으로 결합하고, 신과 결합하고, 자신의 신성과 결합하고, 파트너를 그의 신성과 결합하게 하고, 그리고 두 신성이 서로 결합하여 하나가 되는 것"으로 봅니다.^^

그러려면 파트너들이 각기 자기 자신에 머물 줄 알아야 하고, 자기 자신을 완전하게 알아야 하고, 자기 자신의 에너지를 돌볼 수 있어야 하고, 자기 자신을 사랑해야 하고, 자기 자신을 신뢰해야 하고, 자유로워야 하지요.

제게 섹스란 뭔가 아름답고 부드러운 것이에요. 섹스를 할 때는 존중과 사랑, 고요, 수용, 공감과 자유가 중요해요. 상대방을 소유하지 않고, 아무것도 바라지 않고, 하지 않으면 안 되는 의무가 없고, 아무 조건 없이 그야말로 사랑을 체험하는 거예요. 우리 크리스탈 아이들은 사랑이 무엇인지 알고 있고, 지구에 존재하는 성은 이해가 안 돼요. 그건 이미 사랑과는 아무 관련이 없는 경우가 많아서 그래요. 사랑은 자유롭고, 사랑은 주고, 사랑은 자유롭게 하고, 사랑은 존중하고, 사랑은 받아들이고, 사랑은 시간을 주고, 사랑은 공간을 주고, 사랑은 다른 사람을 온전히 신성한 존재로 봐요. 사랑은 꾸짖지 않고, 사랑은 말하지 않고, 사랑은 불평하지 않아요. 사랑은 그저 '존재'해요.

우리가 지구상의 많은 것들을 이해하지 못하듯 지구의 많은 사람들은 우리를 이해하지 못하거나 오해합니다. 크리스탈 아이들은(그리고 다른 모든 사람들 또한) 자주 오해받곤 해요. 우리 인간은 서로 제대로 이해하지 못하고, 서로 귀 기울여 들어주지 않고, 더 이상 가슴으로 듣지 않고, 다른 사람의 입장을 헤아리지 않고, 응해주지 않고, 공감해 주지 않기 때문에 많은 갈등과 문제가 생기고 에너지와 시간을 허비하게 돼요.

그건 놀랄 일이 아니죠. 한 사람은 가슴으로 말하고, 다른 사람은 머리로 말하고, 또 다른 사람은 배로 들으니 말이에요. 그건 혼란과 오해로 이끌 뿐이죠. 거기에 한 사람은 다른 사람의 말만 듣고, 그 사람은 또 다른 사람의 말만 듣고, 그럼 엉망진창 뒤죽박죽이 되죠. 가장 간단한 것은 우리가 우리 자신에게 귀를 기울이고, 우리 가슴이 무엇을 느끼는지 알고, 그러고 나서 가슴으로 이야기하는 거예요. 그럼 아주 쉬워지죠!

저는 늘 비난과 책망, 투사와 마주쳐왔어요. 우리 인간은 아주 자주 자신의 상처와 틀, 결점과 두려움을 다른 사람에게 전가합니다. 그건 우리가 그것을 부끄러워하거나 그래서는 안 된다고 생각하기 때문이에요. 우리는 이상한 도덕 규범을 가졌어요. 하지만 모든 것은 오케이에요. 어떤 두려움이든 어떤 결점이든 있어도 돼요. 그리고 그것을 받아들여도 돼요. 만일 우리가 우리의 상처와 틀을 그냥 수용하고 관찰하고 용인한다면 훨씬 더 좋을 거예요. 그것들은 거기 있어요. 거기 있어도 돼요. 그리고 우린 신성해요. 그야말로 신성해요.

크리스탈 아이들이 자주 받는 이 모든 오해와 비난을 정화하기 위해, 이 말을 쓸게요. ―즐기세요Have fun!^^

이제 제가 가끔씩 듣거나 마주치는 비난을 적어볼게요. 제가 그것을 어떻게 보는지, 그럴 때 무엇을 느끼는지, 그것이 실제로 무엇을 뜻하는지도 적을 거예요. 비난들은 상당히 '직접적으로' 썼어요. 물론 모두가 저를 그렇게 비난하는 건 아니랍니다. 가끔은 아주 조심스럽게 말하기도 하죠. 하지만 이제 겉포장을 풀고 자세히 살펴보도록 할게요.

제가 여기에 쓰는 것은 제가 지금까지 겪은 경험이고 제가 알고 있는 지식이랍니다. 몇 달 후에는 모든 것을 완전히 다르게 볼 수도 있어요.^^ 삶은 늘 변하고, 저도 변하니까요. 유일하게 불변하는 것은 변화죠. 하하.

"넌 질 줄을 몰라!"

아니요. 제가 원하면 질 수 있어요. 하지만 그러고 싶지 않아요. 그리고 지는 건 의미가 없어요. 왜냐하면 우리는 모두가 승자니까요. 또한 평가하는 것은 아무 의미가 없어요. 우린 모두 다 훌륭하니까요. 유치원에 다닐 때 저는 릴레이 경주 같은 것은 절대 같이 하지 않았어요.(인디고 아이들은 아마 반항하거나 허튼짓을 했을 거예요. 크리스탈 아이들은 그냥 조용히 구석에 앉아 있죠.)

많은 사람들이 질 줄 모르는 것을 약점이라고 말하지만, 저는 아주 다르게 봐요. 우리는 모두가 승자예요. 우리가 왜 져야 하나요? 상실 혹은 결핍은 환상이에요. 아무것도 없어질 수 없고, 아무것도 소멸될 수 없어요. 모든 것은 늘 거기에 있기 때문이죠. 물리학조차 전 우주에는 항상 똑같이 많은 에너지가 있고, 항상 똑같이 많은 물 water이 있다고 말해요. 게다가 우리는 선택할 수 있어요. 저는 언제나 이기고 싶어요.^^ 그리고 제가 늘 이길 수 있다는 것을 알아요. 이기는 것은 또 느낌이 훨씬 더 좋아요. 제 가족들은 보드 게임 같은 것을 자주 하는데, 저는 그걸 좋아한 적이 없어요. 늘 한쪽이 지지 않으면 안 되거나 항상 누가 더 잘하나를 중요시하니까요. 그건 정말 어리석은 거예요. 우린 모두가 최고입니다.

"넌 뭐든 아는 척해. 넌 모든 걸 안다고 말해.
그리고 남의 가르침을 듣지 않아!"

네, 맞아요. 저는 모든 걸 알아요. 그리고 제가 아는 것을 모두에게 보여줘요. 다만 안타깝게도 자주 오해들을 하죠.

제가 모든 것을 안다고 말할 때는 제가 여러분보다 더 많이 안다는 뜻이 아니고, 여러분이 아무것도 모른다는 뜻이 아니에요. 또 외워서 습득한 지식을 말하는 것도 아니고요. 제 말은, "나는 내게 맞는 모든 것을 알고 있다"는 것이에요. 저는 제게 필요한 모든 것을 알고 있지요. 저는 제게 맞는 모든 것을 알고 있고, 여러분은 여러분에게 맞는 모든 것을 알고 있어요. 우린 누구나 모든 것을 알고 있지요. 저는 제 가슴속으로 가면 모든 것을 물을 수 있고, 모든 지식을 불러낼 수 있어요. 하지만 대부분의 사람들이 지식이라고 이해하고 있는 것, 예를 들어 지구의 정확한 크기 같은 것은 물을 수 없어요. 그런 것에는 관심이 없으니까요. 진심으로 알고 싶은 것은 모두 물을 수 있고 알 수 있어요. 그것을 알기까지 가끔은 이틀이 걸리기도 하고, 일주일이나 두 달이 걸리기도 하지만, 저는 그것을 알아요. 그런 까닭에 저는 모든 것을 알아요!^^

 저는 남의 가르침을 듣지 않아요. 누가 저를 가르치려 들면 발작을 일으킬 것 같아요. 왜냐하면 저는 모든 것을 스스로 하고 싶고 자주적이고 싶거든요. 제가 무엇을 알고 싶은지 누구도 알지 못해요. 그리고 제가 무엇을 알아야 하는지 누구도 알지 못해요. 저는 제가 무엇을 아는지 알아요. 제가 무엇을 알고 싶은지 알고, 제가 무엇을 배우고 싶은지 알아요. 그건 외부의 누구도 알지 못해요. 그리고 제가 무엇을 알아야 하는지 저에게 말할 권리는 누구도 가지고 있지 않아요. 누군가가 저를 가르치려 든다면 그건 자신을 저보다 높이 평가한다는 것이고, 그런 건 저는 좋아하지 않아요. 누구도 저보다 더 많이 알 수 없어요. 그리고 누구도 저보다 더 크지 않아요. 우린 모두 똑같이 크죠. 우린 모두 같아요. 저는 모든 사람들과 같은 평지에 서고 싶어요. 그것이 사랑이에요.

"너는 항상 마찰을 피하려고 해!"

  당연하죠. 그건 정말 어리석은 짓이에요.^^ 제가 왜 누군가와 다퉈야 하나요? 우린 모두 자유롭고, 원하는 것을 할 수 있어요. 만일 누군가가 저에게 화가 났다면, 그는 화내야 해요. 만일 누군가가 저에게 뭔가 기대한다면, 그는 그렇게 해야 해요. 누군가가 저에게 소리를 지르고 싶다면, 그렇게 해야 해요. 우리는 모두 우리가 무엇을 하든 아무 상관없이 사랑받고 있고, 우리는 모두 우리가 원하는 것을 할 자유가 있어요. 누군가가 무조건 저와 싸우고 싶어 하면, 저는 싸우고 싶지 않기 때문에 대부분 그 자리를 벗어나요. 제게서 에너지를 취해 가려고 할 때나 자신의 아픔을 저에게 투사할 때 주로 저와 싸우고 싶어 하죠. 싸움이요? 아니요, 전 싸움 좋아하지 않아요. 왜 제가 싸워야 하나요? 저는 모든 걸 다 가지고 있는 걸요. 모든 것이 여기에 다 있어요. 저와 싸우는 건 할 수 없어요. 다투는 것도 거의 할 수 없어요. 어차피 사람은 오직 자기 자신과만 다툴 수 있고 자기 자신과만 맞서 싸울 수 있죠. 만일 제가 같이 싸운다면, 그 사람에게 자기 자신에 맞서 싸워야 한다고 맞장구쳐 주는 셈이죠.

우리 인간은 대부분 자신에게 맞지 않는 것을 억눌러요. 그러고는 그에 맞서 대항하기 시작하죠. 예를 들어 어떤 사람이 어두울 때 운전하는 것을 두려워합니다. 그는 자신이 두려워하고 있다는 걸 좋아하지 않아요. 그래서 그는 자신의 두려움과 맞서 싸우죠. 하지만 그건 아무 의미가 없어요. 모든 것은 그래도 되고, 우린 모든 것을 허용해도 되니까요. 그 사람은 그래서 제가 밤에 운전해서 집에 가지 않기를 원해요. 물론 절대 직접적으로 말하지는 않고, "그러지 말고 오늘은 우리 집에서 자고 가"라고 말하거나 하죠. 즉 그는 밤에 운전하는 것에 두려움이 있기 때문에 그러는 거지요.(그는 밤에 운전하는 걸 두려워하지만 시인하고 싶어 하지 않아요. 자신이 두려워하고 있다는 걸 스스로 허용하지 않은 채, 두려움을 억누르고 자신에게서 밀어내면서 다른 누군가에게 투사해요. 두려움을 자신에게도 금지하고 외적으로도 그러려고 하지요. 그래서 제가 밤에 운전하지 못하게 막는 거죠.) 그는 자신의 두려움에 맞서 싸우고 있으면서 외부로는 저와 싸우려고 해요. 자신의 두려움을 저에게 투사하고 있는 거죠. 그는 제가 그의 두려움이라고 생각하는 것입니다. 그렇지만 저는 같이 싸우지 않아요. 제가 어떻게 그의 두려움과 맞서 싸울 수 있나요? 그건 아무 소용이 없고, 저와는 전혀 관련이 없어요. 그는 이미 자신의 두려움과 맞서 싸우고 있고, 제가 같이 싸우면 그걸 부채질해 주는 것밖에 안 돼요. 그래서 저는 설사 제가 무서워한다 하더라도 집에 가고 싶다고 말해요. 그리고 그 두려움을 허용하고 그의 두려움이 아닌 제 자신을 따라요. 좀 복잡하죠. 그는 두려워할 수 있어요. 저와 싸우고 싶을 수도 있고요. 하지만 저는 제가 원하는 것을 해요. 차를 몰고 집으로 가느냐 마느냐로 그 사람과 실랑이하지 않고, 그냥 제 길을 가요. 저는 저에게 맞는 것을 하고 그 사람은 그가 원하는 것을 하게 두지요. 우리는 모두 자유로우니까요.

"너는 융화할 줄 몰라. 넌 순응할 줄 몰라.
혹은 규칙을 따를 줄 몰라!"

제가 원하면, 그렇게 할 수 있어요. 그게 의미가 있다면. 하지만 저는 늘 제가 무엇을 할지 직접 선택해요. 외부의 강요나 명령은 절대 받지 않아요. 저는 저이고, 제 길을 가요. 저는 저에게 좋은 게 무엇인지 알고 있고, 그것만 해요. 아주 단순하죠. 무엇인가에 속하기 위해 자신을 굽히는 것은 하지 않아요. 물론 학교에서는 순응해야 했죠. 그건 제 길이었고 제가 원했던 거예요. 하지만 지금은 더 이상 저를 뭔가에 맞추려고 하지 않아도 돼요. 그건 어리석은 거예요. 제가 저 자신이고 누구나 각자 그 자신이라면, 모든 게 정말 멋지게 잘 어울리니까요. 만일 각자 자신의 에너지 안에, 중심에 서고 모든 걸 조화롭게 맞춘다면 우리는 언어도 법도 규칙도 시간 따위도 필요 없을 거예요. 저는 제 규칙이 있고, 외부의 어떤 규칙도 필요하지 않아요. 저는 저에게 저를 맞춰요. 그게 제가 할 수 있는 가장 좋은 거예요. 그것이 무엇이고 정확히 무엇을 원하는지 확실히 알지 못하는 것에 어떻게 저를 맞출 수 있나요? 오직 각자 자신만이 자기가 누구인지, 무엇을 원하고 무엇을 해야 하는지 알아요. 누구든 오직 자기 자신에게 맞는 것만을 알아요. 저는 오직 저에게만 맞출 수 있어요. 오직 저만이 제가 누구인지, 무엇을 원하는지 아니까요.

"넌 누구 밑에 있을 줄 모르고,
권위 있는 사람을 힘들어해!"

그렇기도 하고 아니기도 해요. 누구 밑에 있다는 것 자체가 이미 아무런 의미가 없어요. 우리는 모두가 같고, 우리는 모두 하나의 땅 위에 서 있으니까요. 그러므로 만일 누군가가 제가 굽히기를 바란다면 저는 그걸 애초에 말도 안 되는 것으로 봐요. 그건 정말이지 비현실적이니까요. 그렇지만 누군가가 정말 멀리 보는 통찰력을 갖고 지도하고 이끄는 상황도 있습니다. 그 사람이 정말 그렇게 한다면, 정말 권위가 있다면, 거기에 순응하고 그의 지도를 따르는 것은 어렵지 않죠. 그럼 이제 저에게 정말 권위 있는 사람은 누구냐 하는 물음이 있네요!

저에게 권위 있는 사람이란 스스로를 잘 알고, 자기 자신에게 확신이 있고, 자기 자신을 사랑하고 수용하는 사람이에요. 만약 어떤 교사가 정말로 권위가 있었다면 그와 아주 멋지게 잘 지냈을 거예요. 그러면 우리는 같은 평지에 서 있었을 것이고, 그는 그저 지도를 했겠죠. 그럼 저에게 공격받는 듯이 느끼지 않을 것이고, 저도 그렇게 느끼지 않았을 거예요. 저는 그의 아래에 서 있지 않고, 그도 제 위에 있지 않고요. 우리가 누구인지, 우리가 어떤 위치에 있는지, 우리 둘 다에게 확실하죠. 그는 지도하고, 저는 지도를 받고요.

그렇지만 한 사람이 불안정하다면, 그런데도 지도를 해야 한다면 상황이 좋지가 않죠. 그렇게 되면 그 사람이 자신을 위에 두고 다른 사람을 밑에 두는 일이 생기겠죠. 왜냐하면 그는 자신을 작게 느끼고 불안하게 느낄 테니까요. 자기 자신을 잘 알고 확신이 있는 사람은 누구를 밑에 둘 필요가 없어요. 그는 자신이 누군지 알고 있고 그저 자신이 할 일을 하니까요. 이해가 되었나요?

"넌 네가 하고 싶은 것만 해.
다른 모든 건 그냥 두고 신경 쓰지 않아!"

  네, 맞아요!^^ 저는 기분 좋게 즐겁게 지내고, 삶을 누리기 위해 이곳에 있어요. 즐겁지 않은 뭔가를 하는 것은 정말 아무런 의미가 없어요. 이건 누구나 모두 그렇다는 말이에요. 우리 모두 하나의 커다란 퍼즐의 조각들이에요. 각자 자기 자리가 있고, 각자 자기 과제가 있어요. 지금 1,000개의 다양한 퍼즐 조각이 있다고 가정한다면, 60억 명이 1,000개의 자리, 1,000개의 일 등등을 나눠 가져야 하죠. 그렇게 되면 당연히 경쟁과 전쟁과 분쟁이 생기죠. 1,000개의 일을 나눠 가져야 하니까요. 그건 아주 많은 사람들이, 예를 들어 정확하게 똑같은 일을 가지고 있다는 얘기예요. 하지만 실재하는 사실은, 60억 개의 자리가 있으며 60억 개의 다양한 일이 있다는 거예요.

그럼 이제 어디가 자기 자리이고 어떤 것이 자기의 일인지 어떻게 알까요? 어떤 퍼즐 조각이 자신의 조각인지 어떻게 알까요? 정말 몹시 혼란스러운 일이지만, 신 혹은 그가 누구든 멋진 해결책을 발견했어요. 그는 우리에게 심장을 달아주었어요. 기쁨을 말이에요. 우리 자신을 즐겁게 해주는 것, 바로 그게 우리의 일이에요. 우리를 재미있게 해주는 것, 우리를 기쁨으로 채워주는 것, 우리 안에 평화를 만들어주는 것, 하루에 14시간도 할 수 있는 것, 우리에게 에너지를 채워주는 것, 바로 그것이 우리의 일이고, 바로 그곳이 우리의 자리이고, 바로 그것이 우리 삶의 과제예요. 그건 느긋하게 이완하는 것일 수도 있고, 웃음일 수도 있어요. 모든 것이 가능해요. 우리는 단지 우리의 지평만 넓히면 돼요. 뭔가 우리 마음에 들지 않을 때 우린 잘못된 자리에 있는 거예요. 뭔가 의심이 든다면 그건 우리의 일이 아니에요. 저는 정말 제 마음에 들고 즐거운 일만 해요. 왜냐하면 그건 그래야 하는 거니까요.

그 일이 우리를 즐겁게 해주면 우린 그 일 하기를 더 좋아하고, 더 오래하고, 더 잘해요. 그리고 그건 우리에게 참 좋은 거예요. 즐거움을 주는 일만 하는 것, 그리고 신뢰하는 것은 정말 의미 있는 거예요. 모든 것은 여기 있고, 모든 것은 되어가고 있고, 잘되고 있어요. 우린 그저 우리의 즐거움만 신경 쓰면 돼요.^^ 야호!

"넌 고집쟁이야. 넌 네가 해야 할 일과
내가 너에게 요구하거나 기대하는 걸 안 해!"

맞아요, 전 제 마음에 드는 것만 해요. 여러분 마음에 드는 건 여러분 스스로 직접 해야 해요. 여러분이 기대하는 것은 무엇보다 여러분 자신에게 기대하고 있는 거예요. 그러니 오직 여러분만이 자기에게 부족한 것을 스스로 줄 수 있어요. 저는 아무도 도울 수 없어요. 저는 아무도 치유할 수 없고 아무에게도 뭔가를 줄 수 없어요. 저는 제게 필요한 것만 볼 수 있어요. 저는 제가 저에게 바라는 것이나 다른 사람에게 바라는 것만 직접 할 수 있죠.

"넌 너만 돌보고 전혀 도와주지 않아!"

그렇기도 하고 아니기도 해요. 그래요, 전 저를 돌봐요. 그게 제 할 일이니까요. 저는 저를 위해 여기 있고, 여러분은 여러분을 위해 여기 있어요. 저는 아주 많이 돕고 있지만, 얼마 안 되는 사람들만 제가 무엇을 '하고 있는지' 보죠. 제가 저 자신으로 있으면서 제 에너지 안에 서 있는 것만으로도 저는 아주 많은 것을 하고 있는 걸요.^^

사람들은 제가 무엇을 하고 있는지 못 보고 그냥 지나치곤 해요. 그건 가슴으로만 보이거나 이해되는 것이거든요. 저는 다른 차원에서, 에너지적인 차원에서 아주 많은 일을 해요. 그건 많은 사람들의 눈에 보이지 않죠.

우리 가족이 크리스마스에 할머니 댁에 있었을 때, 아버지가 제게 아주 좋은 말을 해준 적이 있었어요. 많은 사람들이 좁은 부엌에 서서 설거지를 하고 있었죠. 저는 조용하게 거실에 앉아 긴장을 풀고 있었어요. 그때 누군가가 오더니 역시 이렇게 말했죠. "아하, 레나는 또 손도 까딱 안 하고 돕지 않네!" 저는 이렇게 생각했어요. '흠, 그래, 부엌에는 더 이상 내가 들어갈 자리가 없고, 그건 내 일이 아냐. 네 사람이 설거지를 하고 있는데 에너지는 누가 청소하지?' 그래서 저는 조금 슬퍼졌죠. 그때 아버지가 제게 오더니 이렇게 말했어요. "레나, 다른 사람들이 네가 무엇을 하고 있는지 못 본다고 해서, 네가 아무것도 안 한다는 뜻은 아니란다."^^

저도 여러 가지로 사람들을 도와요. 정직한 것으로, 사실을 직접적으로 말하는 것으로. 물론 사람들은 그것을 도움으로 보지 않죠. 그것이 편치 않기도 하니까요.

이처럼 우리 크리스탈 아이들은 비록 아주 극소수 사람만이 그걸 본다고 해도 아주 많은 것을 하고 있고 또 아주 많이 돕고 있답니다.

"'크리스탈 아이들'이란 아이들을 잘 교육시키지 못한 부모를 위한 미화법이야!"

그렇지 않아요. 하지만 가끔 그렇게 미화될 때가 있죠. 물론 이 테마를 잘못 이해한 부모님들이 있습니다. 아주 많은 것이 잘못 이해되고 있고, 그건 어찌 보면 지구상의 이 혼란스러움 속에서는 당연한 거예요. 크리스탈 아이들은 경계가 필요해요, 명확하고도 애정을 담은 '노No'가 필요하고, 인도가 필요해요. 만일 부모님이 자신의 자녀가 인디고 아이나 크리스탈 아이이며, 이제 더 이상 부모로서 아무것도 하지 않아도 되고 모든 것을 허용해야 한다고 생각한다면 그건 정말 잘못된 거예요. 부모는 항상 자신의 교육 방침을 따라야 하고 가슴의 말을 들어야 해요. 그건 물론 어려워요. 특히 모두가 교육이 어때야 한다고 말하고, 다들 아이를 어떻게 키워야 하는지 잘 알고 있을 땐 더욱 그렇죠. 크리스탈 아이들이나 인디고 아이들도 걸음마를 배워야 하고, 밥 먹는 것을 배워야 하는 아이들이에요. 그들은 지도가 필요해요. 상당히 혼란스럽다는 것을 잘 알고 있어요. 하지만 이성으로는 절대 많은 것을 파악할 수 없답니다.

인디고 아이들이나 크리스탈 아이들이라고 추정됐지만 아닌 아이들도 많아요. 어떤 아이가 단순히 규율에 맞서 반항한다면, 그 아이는 인디고 아이일 수도 있지만 명확한 교육 방침을 제시받은 적이 없는 아이일 수도 있어요. 부모님이 크리스탈 아이나 인디고 아이에게 가슴에서 우러나온 말로 그들이 무엇을 원하는지 명확하게 말한다면, 그것이 부모의 일방적인 기대가 아니거나 의미 없는 것이 아닌 이상 그 아이들은 대부분 부모님의 말을 따를 거예요. 만일 그 사람이 권위가 있고, 옳다고 여기는 것을 말하고, 진심에서 우러나와 행동한다면 크리스탈 아이들도 쉽게 그것을 따를 거예요. 우리는 거의 모든 것, 즉 가슴과 머리와 입과 배로 말하는 것을 모두 듣기 때문에 자주 혼란스럽고, 우리가 지금 무엇을 해야 할지, 우리에게 무엇이 요구되는지 헛갈려요. 하지만 누군가가 오직 하나의 언어만 말한다면 우리는 그 말을 훨씬 더 잘 이해하고 그 사람 말을 따를 수 있을 거예요.^^ 이해가 되나요?

참고로, 경계를 받아본 적이 없는 아이들은 그로 인해 자주 모든 것에 맞서 반항합니다. 만일 부모가 아이를 지나치게 예뻐하면 아이의 에고가 지나치게 강하게 형성되어 아이에게 해가 되죠. 아이는 외부의 지나친 칭찬도, 지나치게 떠받들거나 너무 강하게 보호하는 것도 필요하지 않아요. 아이는 자신이 신성하다는 것, 있는 그대로 훌륭하다는 것을 잘 알고 있죠.

또 비록 어떤 아이가 아름다운 파란 눈을 가지고 있고 말을 많이 하지 않는다고 해서, 그것만으로 그 아이가 크리스탈 아이인 것은 아닙니다.

"사람은 누구나 특별해!"
....

물론이죠. 저도 그렇게 생각해요. 그런데 대부분의 사람들이 이 말을 할 때 뜻하는 바는, 여러분이 스스로 크리스탈 아이라고 부른다고 해서 여러분이 특별한 건 전혀 아니라는 거예요. 그들은 여러분이 더 잘난 게 아니라고 생각을 하면서 "사람은 누구나 특별해"라고 말하는 거죠. 그런 말을 하는 것은 자신이 특별하다는 것을 스스로 믿지 않기 때문입니다. 그래서 제가 "나는 특별하다"고 말하면 그것으로 그들의 아픈 곳을 건드리는 셈이 되죠. 즉 그들은 자신들이 사랑받고 있다고 느끼지 못하고 있고, 자신을 특별하다고 보지 않는 거지요. 그것이 그들의 아픈 곳이죠. 제가 "나는 원대해" "난 특별해" "난 아름다워"라고 말할 때는, 그래서 그렇게 말하는 거예요. 저는 "넌 특별하지 않아"라고 말한 것이 아니에요. 저는 그냥 단순하게 제가 무엇인지 말하는 것뿐이에요. 다른 사람이 그것을 가지고 무엇을 하든 그건 그 사람의 일이에요. 사람은 누구나 원대해요. 인간은 누구나 유일무이해요. 그 사람이 그것을 보길 원하든 아니든 그건 그 사람의 일이죠. 저는 제가 얼마나 원대한지 보고 싶어요.^^

"'크리스탈 아이'란 그저 '서랍'일 뿐이야!"

그래요, 그건 개념을 정의하기 위한 하나의 서랍이에

요. 하지만 우린 그것으로 무엇을 할지 직접 선택할 수 있어요. 제게는 이 '서랍'이 도움이 됐어요. 그렇게 해서 저 자신을 더욱 잘 이해할 수 있고, 저 자신을 훨씬 잘 설명할 수 있어요. 제가 만일 "저는 여자예요, 그래서 페니스가 없어요"라고 말한다면, 이미지가 금방 머리에 떠오르기 때문에 더 쉽게 알아들을 수 있죠. 서랍은 금방 머리에 떠올릴 수 있어요. 그래서 금방 이해할 수 있죠.

저는 제가 누구인지 아주 잘 알고 있고, 저 자신을 무엇으로 보고 싶은지 직접 고를 수 있어요. 저는 다른 사람에 의해 정의되지 않아요. 만일 크리스탈 아이라는 서랍이 제게 너무 비좁아지면, 저는 다시 밖으로 뛰쳐나올 거예요. 누군가가 크리스탈 아이들은 이렇고 저렇다고 말할 때 제가 그렇게 생각하지 않으면 "아뇨, 그렇지 않아요"라고 말합니다. 저는 저 자신을 직접 정의하고 크리스탈 아이로써만 정의하지는 않아요. 저는 존재해요.

✦ 자주 하는 질문들

"크리스탈 아이를 어떻게 알아보나요?"

 크리스탈 아이인지 아닌지는 자기 자신만이 알아요. 외부 사람은 그저 짐작만 할 뿐이죠. 사실 인간은 누구나 자신만이 자신을 압니다. 오라를 보고 에너지를 느끼는 사람들이 있는데 그들은 그것으로 짐작을 하기도 하지만, 오라만으로는 그 사람이 어떤 사람인지 확인할 수 없죠. 해답은 누구나 직접 갈 수 있는 가슴속에 있어요.^^

 많은 사람들이 저에게 제가 제 크리스탈 형제들을 알아보는지, 혹은 누군가가 크리스탈 아이인지 아닌지 말할 수 있느냐고 묻습니다. 저는 아니라고 대답하죠. 우리 인간은 아주 여러 층, 에고, 성격, 영적인 부분, 다양한 삶, 아주 다양한 에너지 등으로 되어 있어서 들여다보기가 매우 어려워요. 모든 것을 다 분석하거나 분류할 수 없죠. 게다가 크리스탈 아이들은 아주 잘 숨어 있어서 그들이 원하거나 때가 되었을 때만 알아볼 수 있답니다.

"자기가 크리스탈 아이인지 어떻게 아나요?"

 만일 여러분이 그것을 알고 싶다면, 그리고 때가 되었

다면, 알게 되거나 체험하게 될 거예요. 그렇지만 크리스탈 아이이고 싶다고 해서 그렇게 되는 것은 아니에요. "죽느냐, 사느냐"라고 셰익스피어가 말했던 것처럼, 그렇거나 아니거나 둘 중 하나죠.

크리스탈 아이는 태어날 때부터 특정한 에너지를 지니고 있어요. 모든 인간은 자기 안에 에너지를 지니고 있고, 크리스탈 차원에서 온 크리스탈 결정체를 가지고 있는 에너지를 바로 우린 '크리스탈 아이들'이라고 불러요. 하지만 우리는 각각의 에너지가 다 필요합니다. 에너지는 모두 멋져요. 단지 사람들은 같은 에너지끼리 함께 모이고 그럴 때 서로 잘 이해하고 편안하게 느끼는 것뿐이에요. 제 경우에는 크리스탈 아이들이 함께 모일 때 더 편하고, 그럼으로써 그들의 에너지나 과제도 명확해진답니다.

크리스탈 에너지가 어떻게 영향을 미치는지는 '크리스탈 아이들의 기본 태도' 부분에 씌어 있어요. 누구나 크리스탈 진동에 다다를 수 있습니다. 누구나 자신의 가슴을 열 수 있고, 누구나 자신의 몸 주위에 크리스탈 구조를 만들어낼 수 있어요. 그러면 크리스탈 아이의 기본적인 태도와 비슷한 태도를 갖게 됩니다. 그렇다고 해도 그들은 크리스탈 아이들이 아니랍니다. 크리스탈 아이들은 말 그대로 다른 차원에서 온 존재이기 때문이지요.

"내가 누구인지, 무엇인지 어떻게 알지요?"

흠, 어려운 질문이에요. 여러분이 모두 무엇인지 정확히 아는 것은 불가능해요. 우리는 아주 많은 삶을 경험했고, 아주 다양한 에너지를 우리 안에 지니고 있어요. 그 모든 것을 다 파악하려면 우리 뇌는 정말 과부하가 되죠. 그러기에 우리 뇌는 너무 작아요. 제가 누구이고 무엇인지에 대한 제 질문에 제 영적인 친구들은 그림으로 그려보라고 말했죠. 제 천사들의 말에 따라 저는 정말 신나게 가슴에서 나오는 자화상을 그렸답니다.^^

여러분이 누구인지, 무엇인지 알고 싶다면 아주 간절하게 바라고, 그 대답에 감사의 뜻을 표하세요. 그럼 그 대답이 여러분에게 닿을 거예요. 그것이 자신이 누구이고 무엇인지 알아내는 과정이랍니다. 거기엔 자신을 관찰하는 것, 사물에 대해 의구심을 품어보는 것, 필요한 글들을 읽어보는 것, 영적인 세계와 이야기를 나누거나 고향 별로 한번 여행해 보고 즐겨보는 것도 속해요. 그리고 많은 사람들이 하나의 고향 별이 아니라 여러 고향 별을 가질

수도 있답니다. 대답은 여러분 가슴속에 있어요.^^

"인디고 아이들과 크리스탈 아이들의
차이는 무엇인가요?"

원칙적으로 인디고 아이들과 크리스탈 아이들은 서로 아주 닮았어요. 그래도 몇 가지 작은 차이가 있긴 해요. 인디고 아이들은 물질로 더 깊이 들어가고, 크리스탈 아이들보다 틀과 두려움과 집단적인 것들에 더 많이 엮여 있어요. 크리스탈 아이들은 물질 위에 떠 있는 편이고, 거기서 더 깊이 내려가기보다는 그 옆을 스쳐 지나가는 편이죠. 여기서도 '더 나은' 것이나 '더 못한' 것은 없다고 말하고 싶어요. 인디고나 크리스탈 아이들 둘 다 필요하고 각자 자기 자리에서 일하고 있어요. 크리스탈 아이들은 밀도가 조밀한 물질 분야에서는 그렇게 잘 영향을 미치지 못하고, 인디고 아이들은 위에서 한눈에 파악하는 걸 그렇게 잘하지 못해요. 서로 멋지게 보완이 되죠.^^

만일 인디고 아이들이 이해를 받지 못하면, 대부분의 경우 종종 충돌 상황으로 치닫고 모든 것을 부숴버리거나 반란을 일으켜요. 그건 그들의 일이에요. 물질 세계를 느순하게 푸는 일 말예요. 그러기 위해서는 어마어마한 힘이 필요하죠. 언젠가 인디고 아이의 힘을 감지한 적이 있는데, 그 아이가 도대체 어떻게 얌전히 앉아 있을 수 있는지 정말 놀라웠어요. 이 아이들은 마치 전류 아래에 있는 것 같았어요. 결국 그들이 할 일은 물질 속으로 잠겨 들어가 물질을 흔들어 깨우는 것이니까요.

크리스탈 아이들의 에너지 역시 아주 강하지만, 달라요. 뭔가 더 조용하고 부드럽죠. 인디고 아이들은 섬세한 크리스탈 아이들이 자리를 잡고 존재할 수 있도록 하기 위해 부시 나이프를 들고 와서 방해가 되는 잡초를 뱁니다. 인디고 아이들의 힘은 자주 잘못 이해되고 있죠. 그들은 강력하긴 하지만 악의가 있는 게 아니에요. 그들은 단지 우리에게 더 이상 필요 없는 것들을 부수는 것뿐이에요. 그건 굉장히 가치가 있는 일이고 중요한 과제예요.

크리스탈 아이들은 만일 이해받지 못한다고 느끼거나 에너지를 활기 있게 살릴 수 없으면 뒤로 물러나서 말을 멈추고 떠나버리죠. 인디고 아이들은 반란을 일으키거나 마약 같은 것으로 피신해요. 인디고들은 신체 구조도 달라요. 밀도가 조밀한 물질에 맞게 신체 구조가 단단하죠. 하지만 인디고들은 아주 맑고 빛이 가득해요. 크리스탈 아이들은 그보다 더 맑고 빛이 더 가득하지만 그 대신 물질 속으로 잘 들어가지 못하죠.

인디고 아이들은 또한 고집이 더 세고, 조금 더 제한되어 있고, 감정이 잘 상하는 편이고 분개해 하죠. 크리스탈 아이들은 더 쉽게 포기하고, 위에서 전체를 바라보고, 더 높고 먼 시야로 봐요. 크리스탈 아이들은 다른 사람들을 훨씬 많은 공감과 이해와 사랑으로 대하죠.

"무지개 아이는 무엇인가요?"

모르겠어요.

"크리스탈 아이들은 1990년대 말에 이르러서야 지구에 오기 시작했어요. 하지만 당신은 나이가 더 많아요. 당신은 크리스탈 아이인가요?"

네, 저는 크리스탈 아이예요. 저는 이른바 선발 주자 혹은 '개척자'예요. 저는 의도적으로 조금 더 일찍 와서 이곳 지구의 모든 것을 함께하기로 결심했어요. 그러면 제 크리스탈 형제자매들이 더 이상 그렇게 하지 않아도 되니까요. 크리스탈 아이들은 만나면 서로를 알아보곤 하죠. 크리스탈 아이는 저를 만나면 어떤 경우에도 저를 알아봐요. 왜냐하면 그 아이는 저나 다른 선발 주자를 만나야 한다는 것을 알고 있거든요. 그 친구는 제가 어디에 있는지 잘 알고 있거나, 그냥 눈을 크게 뜨고 있죠.

그리고 제 근처에 서서는 저를 보면서(안 그럴 수도 있고), 저의 모든 정보를 복사해요. 우리는 한 명에서 네 명의 크리스탈 아이들이 좀 더 일찍 지구로 가고, 그러고 나면 다른 모든 크리스탈 아이들이 우리를 만나 복사하고 본을 뜰 수 있을 거라고 결정했어요. 모두가 같은 것을 겪을 필요가 없으니까요. 두세 명만 하면 충분하죠. 만일 여러분의 가정에 지금 크리스탈 아이가 있다면, 그에게 그저 이 책을 주거나, 제 사진이나 제 홈페이지(www.lena.ch)를 보여주고, 글을 읽어보게 할 수 있어요. 그러면 그 아이는 저와 연결할 수 있고 모든 정보를 불러올 수 있을 거예요.^^ 그게 저의 일이랍니다.

"지금 내가 무슨 생각을 하는지 다 읽나요?"

제가 누구인지 이야기하거나 제가 무엇을 할 수 있는

지 이야기하면, 어떤 사람들은 두려워해요. 그들은 제가 지금 그들의 모든 생각을 읽고, 그들이 느끼는 것을 느끼고 그들을 꿰뚫어볼 거라고 생각하죠. 그래요, 저는 그들을 꿰뚫어봐요. 그들의 시스템─육체, 사고, 감정, 가슴, 영혼─모두를 읽고 볼 수 있어요. 그렇지만 첫 번째로 그들도 그것을 원하고 허락해야만 할 수 있고, 두 번째로 제가 그걸 알고 싶어야만 할 수 있고, 세 번째로 그것이 의미가 있는 일이어야만 할 수 있어요. 인간은 1초마다 약 1,000개의 메시지나 에너지를 발산해요. 그 모든 것을 포착하고 해석하는 건 너무 힘든 일이죠. 그럼 전 '오프라인' 모드로 가서 의식적으로 모든 것을 다 받아들이지 않으려고 해요. 또 모두 다 받아들이는 것도 가능하지 않고요. 그렇지만 모든 것이 마치 저장된 것처럼 있어요. 그래서 어떤 사람이 저에게 자기 자신에 대해 질문하면, 정보를 불러올 수 있죠. 그 사람이 지금 무엇을 바라는 것인지 혼란스럽거나 정확히 알지는 못해도 '온라인' 모드로 가거나 연결해서 정보를 불러와요. 하지만 두 사람에게 유용할 때만, 그리고 둘 다 원할 때만 그렇게 하고, 그렇지 않은 경우엔 전혀 할 수 없답니다.

나의 삶, 나의 길

저는 물론 제 삶이 전이나 지금이나 똑같이 아주 정상적이고 모든 것이 평범하다고 말합니다. 그렇지만 다른 사람들의 눈에는 다르게 보이나 봐요. 그래서 이 장에서는 크리스탈 아이란 무엇이고, 제가 그것을 어떻게 알게 되었고, 어떻게 지금까지 오게 되었는지 이야기할게요. 그러면 모든 것을 좀 더 뚜렷하게 볼 수 있거나 느낄 수 있을 거예요. 크리스탈 아이인 것이 간혹 아주 아름답고 편안하게 들릴 수도 있지만, 매우 힘들고 불편한 일도 자주 있거든요.

제 삶은 원래 정말 평범해요. 학교에 다니고, 남동생과 싸우고, 디스코텍에 가서 춤을 추고, 남자아이들과 데이트를 했죠. 제 경우 모든 것은 아주 무해한 피아노 레슨 시간에 시작되었어요. 그때 전 만 열일곱 살이었죠. 저는 피아노 선생님과 아주 이야기가 잘 통했고, 피아노를 치는 대신 토론을 하며 대부분의 시간을 보냈답니다. 한번은 선생님이 '애니멀 커뮤니케이션' 코스에 참가했었다는 이야기를 들려줬어요. 저는 관심 있어 했고, 선생님은 더 많이 이야기를 해줬죠. 그런데 갑자기 가슴속에서 따뜻하고 좋은 느낌이 드는 거예요. 저는 이 아름답고 충만한 느낌이 어디에서 온 것인지 어리둥절했어요. 아주 갑자기 느껴졌으니까요. 그래서 저는 무슨 일일까 생각하면서 주위를 둘러보았어요. 그러자 5년 전에 돌아가신 증조할머니가 보였어요. 제 영적인 눈으로 본 거였죠. 당시 저는 아직 그런 일에 대해 아는 바가 없었어요. 저는 할머니를 사랑했었고, 할머니가 돌아가셨을 때 몹시 슬펐죠. 할머니는 저를 이해해 준 유일한 사람이었어요. 어쨌든 저는 할머니를 보았고, 할머니와 할머니의 사랑을 느꼈어요. 그리고 할머니가 "레나, 나는 여기 있단다. 나는 없어진 게 절대 아니야. 나는 5년 동안 내내 여기 있었단다. 나는 언제나 너를 위해 여기 있어"라고 말하는 걸 들었어요. 아, 정말 좋았어요.^^ 슬픔이 모두 한 순간에 녹아 없어졌죠. 할머니가 거기 있었고, 할머니와 할머니의 사랑을 느꼈으니까요. 정말 아주 아름다웠어요.

처음에는 조금 불안하기도 했고 무슨 일이 벌어지는 것인지 정확히 알 수가 없었어요. 저는 베로니카 선생님(제 피아노 선생님)에게 죽은 사람과도 이야기를 할 수 있는지 물었고, 선생님은 그렇다고 했죠. 그렇게 모든 것이 시작되었답니다! 저는 이 일에 대해 연구하기 시작했고, 할머니와 자주 이야기를 나누면서 할머니에게 많은 질문을 했어요. 저는 생각했죠. '내가 증조할머니와 이야기를 할 수 있다면, 틀림없이 동물과도 이야기를 할 수 있을 거야.' 그래서 동물, 나무, 나뭇잎, 탁자, 자동차, 컴퓨터, 찻잔, 구름과 이야기를 하기 시작했어요. 사람들은 이걸 텔레파시라고 불러요. 처음에는 물론 아주 비판적이었어요. 저는 김나지움에 다니고 있었고, 거기서는 모든 것을 머리와 뇌로 증명하고 이해하죠. 그리고 저는 신도 믿지 않았어요. 그렇게 저는 모든 가능성을 다 열어놓고 이 일에 접근해 갔지만 제가 실제로 동물과 이야기할 수 있다고는 그렇게 확신하지 않았어요. 그래도 계속 해보면서 무슨 일이 일어나는지 관찰했죠. 처음엔 제가 동물들의 대답을 상상해 낸 거라고 생각했어요. 전에 사람들이 늘 저에게 판타지가 아주 많이 넘친다고 했거든요. 저는 단순하게 다른 사람들보다 더 많이 지각한 것일 뿐인데 말이에요. 상상은 상당히 오래 계속돼요. 하지만 동물들의 대답은 엄청나게 빨리 오죠. 제 뇌가 뒤따라가거나 생각을 할 수 없을 정도로 빨라요.

지금은 저는 텔레파시는 최고의 속력을 가지고 있다는 걸 알고 있어요. 엄청나게 빠르다고 알려진 빛의 속도보다 더 빠르죠. 전등을 켜면 불빛은 1초에 지구를 일곱 바퀴나 돌 수 있는 엄청난 속도로 퍼지죠.^^ 또한 물리학자들도 텔레파시가 있다고 증명했어요. 텔레파시는 다름 아닌 진동이고, 모든 것은 진동하니까요. 우리 역시 진동하고 있어요. 즉 우리는 이 진동을 통해 모든 것과 대화를 나눌 수 있는 거예요. 참 멋진 일이죠.^^

저는 그렇게 애니멀 커뮤니케이션을 연습했고, 훨씬 의식적으로 세계를 연구했어요. 그건 제게는 아주 자연스러웠지만, 이런 이야기는 피아노 선생님하고만 할 수 있다는 것을 알고 있었고, 또 선생님에게 이야기하는 것으로 그쳤죠. 아마 전 누구에게 무엇을 이야기할 수 있는지, 그야말로 잘 감지했던 것 같아요.

처음엔 물론 저는 다 열어놓고 있었고, 여러 다양한 존재들이나 영혼들이 찾아와서 저와 이야기를 나누었어요. 아주 기분 좋게 수다를 떨 수 있는 존재들도 있었고, 그런 존재들은 느낌이 좋고 저도 편안했죠. 하지만 이상한 이야기를 하는 존재들이나 불쾌한 느낌이 드는 존재들도 있었어요. 예를 들어 한번은 어떤 천사가 오더니 이렇게 말한 적이 있었어요. "안녕, 레나. 난 가브리엘 대천사다. 너에게 뭔가 얘기해 주려고 왔다. 너는 아들을 하나 가질 것이고, 요셉이라고 이름할 것이다." 저는 완전히 할 말을 잃었죠. 한편으론 그 말이 솔깃하기도 했지만, 뭔가 이상한 느낌이 들었어요. 그래서 제 가슴속으로 들어가 가슴에 귀를 기울이자 그 말이 완전히 허튼소리라는 것을 알아차렸죠.

밤에도 존재들이 자주 와서 제게 뭔가를 바라고 요구하거나 원했어요. 그래서 어떻게 하면 좋을지 믿을 만한 제 동료에게 물었죠. 그녀는 그 존재가 빛에서 온 존재인지 아닌지, 저의 제3의 눈에게 물어볼 수 있을 거라고 이야기해 줬어요. 만일 그 존재가 빛에서 왔다면 괜찮고, 아니라면 그 존재를 그냥 보내버려야 한다고 말해줬지요.(또 나를 황금 종으로 감싸거나 '예수 그리스도'의 이름을 부를 수 있다고 알려줬어요.) 그러면서 인간적인 의지야말로 가장 최고의 것이라는 것을 배웠어요. 즉 내가 어떤 존재가 떠나기를 원한다면 그 존재는 떠나야 합니다! 이것은 최고의 법률 중 하나이고 또한 성경에도 씌어 있지요. "제 뜻이 이루어지이다." 그래서 이런 성가신 존재가 또 오면 저는 곧장 제

3의 눈에게 묻거나 그 존재에게 직접 빛에서 왔는지 물어요. 존재들은 우리가 원하면 늘 대답을 해야 하고 늘 정직해야 하죠. 만일 빛에서 오지 않았다면 저는 아주 확고하게 가라고 말합니다. 가끔은 간단히 제 가슴속으로 가서 사랑을 느끼고 사랑을 물보라처럼 뿌리기도 해요.

저는 에너지적인 세계로부터 듣는 것을 모두 다 믿을 수는 없다는 걸 금방 깨달았고, 구별하는 것을 배우지 않으면 안 되었어요. 가장 간단하고 효과가 좋은 것은 가슴과 느낌으로 구별하는 거예요. 자주 존재들이 와서 아름다운 이야기를 합니다. 그러면 저는 조용히 가슴속으로, 몸으로 느끼고 관찰했죠. 왜냐하면 아름다운 것들을 들려주긴 하지만 배에서 이상한 느낌이 드는 경우도 있거든요. 제가 머릿속과 생각 속이 아닌 가슴속에서 아주 조금이라도 불편하게 느낀다면, 그들을 다 믿지는 않아요.

그렇게 저는 지구에 어떤 에너지적 존재들이 있는지 혼자 연습하고 시험해 보면서 모든 것이 존재한다는 것을 되새겼답니다.

★
내가 크리스탈 아이라는 것을 어떻게 알게 되었나

제가 만 열아홉 살 때 저는 자주 목에 통증을 느꼈습니다.(이젠 그 이유를 알아요. 많은 사람들이 제가 이야기하는 진실을 듣고 싶어 하지 않았고, 그래서 저는 아무도 제게 귀를 기울이고 싶어 하지 않는다고 생각했죠.) 저는 의사나 약을 좋아하는 사람이 아니라서 항상 문제의 뿌리를 찾으려고 해요. 그래서 저는 빛에너지 테라피를 받아보기로 결심했어요. 그때는 졸업 시험 바로 전이었는데, 당시 저는 비전秘傳이나 영성이나 그 밖의 것에 대해 아는 바가 없었어요. 단지 제가 모든 것과 이야기를 나눌 수 있다는 것만 알고 있었고, 그것은 제게는 아주 자연스러운 일이었죠.

제 피아노 선생님이 에너지 요법에 대해 이야기를 해주었고, 저는 그날 즉흥적으로 그곳에 전화를 해서 그날 저녁에 방문하고 싶다고 했어요. 그곳에 도착하자 먼저 대화를 나누었죠. 빛 테라피스트들은 세포를 빛으로 채우고 프로그램을 변환할 거라고 이야기해 줬어요. 제 피아노 선생님은 그들에게 저에 대해 이야기해 주었고, 그들은 저를 '나뭇잎과 이야기를'이라고 불렀죠.

시술은 아주 편안했어요. 저는 여러 다양한 세계에 떠다니면서 커다란 행복감에 웃었죠. 한 시간 후 시술이 끝나고 반쯤 깬 상태로 마사지 침대에 누워 있는데, 빛 테라피스트들이 몹시 흥분해서 속삭이는 소리가 들렸어요. 곧이어 그들은 제게서 알아낸 것을 들려줬죠. 그들은 제 세포가 빛으로 가득하고 엄청난 에너지를 발산하고 있다고 이야기해 줬어요. 보통은 시술을 마친 후 손을 씻지 않으면 안 되는데, 제 경우엔 더 이상 그럴 필요가 없었어요. 그들은 제가 그들에게 에너지를 주었다며 고마워했죠. 그리고 제 오라가 엄청나다며 그 테라피 숍보다 더 크다고, 또 제가 크리스탈 아이라고 말했어요. 저는 무슨 말인지 하나도 알아듣지 못했죠.

그래요, 전 크리스탈 아이가 뭔지 전혀 아는 바가 없었답니다! 그들은 혹시 인디고 아이들에 대해서 들어본 적이 있냐고 물었지만, 그것에 대해서도 아는 바가 없었죠. 그것에 대해 설명해 줬지만 별로 관심이 가지 않았어요. 하지만 시술 후 이상하게 기분이 좋았어요. 물론 제가 크리스탈 아이라는 것을 믿지 않았죠. 저는 신도 믿지 않았는걸요. 그때부터 더욱더 이해할 수 없는 일들이 점점 많이 일어났어요. 그리고 그 모든 것이 마치 제게서 어떤 베일을 벗겨내는 것 같았어요. 곧 저는 점점 더 많은 연관성을 이해하고 보게 되었어요. 밤에 뭔가 꿈을 꾸면 바로 그 다음날 그 일이 일어났죠. 저는 많은 것을 아주 의식적으로 알아차릴 수 있었어요. 다음에 누가 문으로 들어올지 정확히 알았고, 시험에서 어떤 점수를 받을지 알았죠. 많은 것들을 점점 더 뚜렷하게 지각하게 되었어요. 그래서 이 일에 대해 더 깊이 생각하고 관찰하기 시작했고, 크리스탈 아이들에 관한 몇 가지 정보를 알아보았어요. 크리스탈 아이들에 관한 대부분의 글은 제 마음을 몹시 강렬하게 울렸어요. 읽으면서 울었던 적도 있었죠. 내용이 뭔가 낯설지 않아서, 하지만 이 세상을 더 이상 이해할 수 없어서였어요. 그리고 졸업 시험이 바로 코앞이었죠. 저는 이미 인생 계획을 세워놓고 있었어요. 졸업 시험이 끝나면 바로 대학에 들어가지 않고 1년을 쉬면서 여행을 가고 언어를 배우고, 연극을 하고, 다시 그림을 그리고 등등. 그렇게 쉬는 기간을 가진 후 루체른 대학이나 프라이부르크 대학에서 사회학을 공부할 계획이었죠. 그런데 갑자기 제 모든 계획과 사고방식과 감정과 태도가 뒤집어지고 와르르 무너진 거예요! 저는 갑자기 더 이상 그런 것을 전혀 원하지 않게 되었고, 무슨 일이 벌어진 것인지 이해할 수 없었죠. 하루아침에 모든 것이 다르게 보였으니까요. 저는 이게 무슨 일인지 알아보려면 그야말로 많은 시간이 필요하다는 것을 알았어요. 그리고 우선 졸업 시험을 보기로 했답니다. 휴!

부모님과도 꽤 심하게 다퉜는데, 그래도 졸업 시험에 합격하고 나자 '크리스탈 아이들'에 대해 알아볼 시간이 더 많아졌어요. 저는 책과 글을 읽었고 사람들과 이야기를 나눴어요. 시간이 흐르면서 모든 것의 의미가 분명해졌고, 제 전 생애가 마치 필름처럼 스쳐 지나갔어요. 모든 것이 명백해졌죠. 저는 제가 왜 동물과 이야기를 할 수 있는지, 왜 그렇게 민감한지, 모기에 물리면 왜 그렇게 상처가 심한지, 왜 가끔 집이 아닌 낯선 곳에 있는 것처럼 느껴지는지, 사람들이 왜 저를 이해하지 못하며, 왜 제가 남들과 다른지 이해하게 되었어요. **그리고 제가 크리스탈 아이라는 것이 분명해졌죠!**

졸업 시험을 마치고 나서 내가 누구이며 세상이 어떤 것인지 등에 대해 점점 더 분명히 자각이 되고 나자 당연히 더 이상 대학에서 공부를 할 수 없었어요. 저는 더 이상 외부에서 아무것도 강요받고 싶지 않았고 오직 저 자신으로 존재하고 제 가슴의 말을 따르기를 원했어요. 그래서 저는 제게 맞는 직업 학교, 그곳의 사람들이 저를 있는 그대로 받아들이고 저를 구부리려고 하지 않는 직업학교를 물색했죠. 저는 제 지식에 토대를 두고 그것을 보충해 줄 곳을 찾아보았어요. 하지만 유감스럽게도 찾지 못했죠. 대학에서도, 그 밖의 다른 학교나 코스에서도 저를 저 자체로서, 크리스탈 아이로서의 제가 아니라 완전히 의식적이고 책임감이 강한 인간으로서 저를 받아들이지 않았기 때문이었어요. 또한 저는 사람들이 많고 사장이 있는 회사나 상점에서는 일할 수 없다는 것을 알았어요. 사장이나 교사는 늘 저를 힘들어했죠. 이유는 그들이 저의 실제 크기를 보고 느꼈기 때문이고, 제가 무엇을 생각하는지 말했기 때문이고, 또 그들이 저를 마음대로 할 수 없었기 때문이죠. 또한 저는 제가 억압당하지 않는다는 것도 알고 있었어요. 그러니 회사의 직원으로 일하는 것도 고려의 대상이 아니었죠. 저는 저를 동등하게 대하는 사람들과만 함께 일할 수 있었어요. 게다가 저는 사람들에게서 자주 뭔가를 불러일으키고 그들을 자신 안의 억압된 문제와 대면하게 만들기 때문에 함께 할 만한 일을 찾기가 더욱 어려웠죠.

내 자신의 길을 찾고
그 길을 가기로
결심하다

저는 애니멀 커뮤니케이터와 청소년 상담자로 자립했어요. 저는 모든 사회 생활에서 상당히 뒤로 물러나, 단순하게 저 자신을 위해, 제 가슴 안에서, 그리고 제 가슴과 함께 지냈어요. 어딘가에서 일하려고 자주 시도했지만 잘되지 않았죠. 그건 정말로 제가 할 일이 아니었어요. 저는 뭔가 새로운 것을 하고 뭔가 아주 새로운 것을 가져오기 위해 이곳 지구에 있는 것이니까요.

그렇게 저는 우선 모든 것에서 물러나 며칠씩 혼자 있으면서 저를 치유하고 제 주변을 정리했어요. 저는 학창 시절과 친척들이, 한마디로 제 모든 주변 환경이 저를 완전히 비틀었다는 것과, 저 자신에게 전혀 즐거움을 주지 않는 일과 전혀 하고 싶지 않은 것들을 제가 아주 많이 해왔다는 것을 알아차렸어요. 그래서 제가 무엇을 하기 원하는지 저 자신에게 물었고, 그것이 이루어지길 빌었고, 그것을 얻었고, 그러고는 바로 실행했죠. 그것을 하는 동안 상황을 잘 관찰하고 제 느낌을 잘 감지하면 대부분 언젠가는 제가 그것을 정말 원하는 게 아니라는 것을 알아차리게 되죠. 그럼 다시 놓아줍니다. 그러고는 다시 제가 무엇을 원하는지 저 자신에게 묻고, 바라고, 얻고, 실행하고, 관찰하고, 그리고 다시 놓아주었어요. 그것을 통해 저는 저에게, 제 가슴에, 제 삶의 꿈에 점점 더 가까이 다가갔고, 훨씬 더 가벼워지고 행복해졌으며, 유쾌해졌죠.

　지금 저는 거의 모든 것과 화해하고 평화로워졌어요. 저 자신에게 시간과 공간을 주고, 당당하게 아니라고 말하고, 저 자신을 지지하고 그저 저의 길을 가도록 스스로에게 허용하는 것을 통해 모든 것이 녹아 없어졌답니다.

　만 스물한 살에 저는 카롤리나 헤헨캄프의 인디고 모임 트레이닝을 방문했어요. 카롤리나는 저를 있는 그대로 받아준 첫 번째 사람이었습니다. 제가 누구인지 보고, 저를 있는 그대로 두고, 저를 이해하고, 저를 사랑으로 마주 대한 사람이었죠. 그녀는 동등한 위치에서 저를 보고 받아들였고, 저를 내려다보지도 또 올려다보지도 않았어요. 그녀는 자신의 두려움과 근심 걱정을 저에게 투사하지 않았고, 또한 주위의 많은 부정적이고 낮은 진동들도 해체했어요. 저는 그녀에게서 배울 수 있고 그녀와 함께 있을 수 있다는 것을 알았죠.

인디고 세미나는 정말 굉장했어요! 스무 살에서 스물여섯 살의 인디고들이 스물두 명 앉아 있었는데, 모두 같은 과거와 같은 꿈과 같은 지각을 가지고 있었죠. 저는 처음으로 정말로 집에 온 것 같은 느낌이 들었고 이해받고 있다는 느낌이 들었어요. 그리고 저처럼 이해받지 못하고 저와 정확하게 똑같이 생각하고 저처럼 세계를 이상하게 지각하는 많은 사람들과 함께 있었죠. 정말 믿을 수가 없었어요! 우리는 사흘을 함께 있었고, 많은 것을 주고받았고, 많이 울었고, 그라운딩 연습을 했고, 또 우리 자신을 치유했답니다.

그 후 저는 세상과 더 잘 교류할 수 있었어요. 저는 아주 확실히 알았죠, 저는 옳다는 걸! 저는 알았죠, 저는 혼자가 아니란 걸! 저는 알았죠, 저와 정확하게 똑같이 느끼는 사람들이 더 있다는 걸. 그건 정말 믿을 수 없을 만큼 좋은 일이었죠!

저는 부모님과도 화해할 수 있었고, 아주 많은 것들을 풀 수 있었어요. 저 자신을 훨씬 더 잘 이해했고, 그럼으로써 세상을 더 잘 이해할 수 있었고요. 저는 저 자신과 평화를 맺었고 저를 있는 그대로 받아들였어요. 그럼으로써 외부의 세계를 있는 그대로 받아들였죠. 저는 저 자신과 제 능력과 지각을 다루는 법을 점점 더 많이 배웠어요.

2008년, 제가 만 스물두 살 때 한 인디고 모임에서 '폴커'를 알게 되었어요. 우리는 서로를 아주 잘 이해했고, 그와 함께 있으면 아주 편안했죠. 어느 날 그가 제게 자기 팀을 찾고 있다는 얘기와 함께 아마 이미 팀이 구성되어 있을 거라는 말을 했어요. 그리고 일이 상당히 빨리 진행되었는데, 그러던 중에 기억이 났답니다. 어떻게 그가 제 크리스탈 차원으로 왔는지. 그리고 제게 지구로 와달라고 부탁했던 것을 우린 아주 똑똑히 보았죠. 그는 바로 우리 크리스탈 차원을 방문하러 왔던 그 세 존재 중 하나였어요. 그는 그 차원을 자세히 묘사할 수 있었고, 또 우리의 모습도 자세히 이야기할 수 있었죠. 그는 "난 여러 행성을 다니면서 내 팀에 들어오기로 지원할 사람들에게 갔었어"라고 이야기했어요. 저는 제가 지원하지 않았다는 것을 잘 알고 있었죠. 그러자 그도 시인했어요. "그래, 너희한테는 설명회를 하지 않았어. 너희한테는 그냥 누군가가 수락하기를, 누군가를 얻을 수 있기만 바랐지. 독일 축

구협회가 호날두한테 문의해 본 것처럼 말이야. 혹시 호날두와 얘기할 수 있지 있을까, 단순하게 바란 거지. 우린 너희한테 갈 수 있을 때까지 대략 열한 번은 신청했었어." 저는 막 웃지 않을 수 없었죠. 정말 그랬었거든요. 저는 그 일을 자세히 기억하고 있었죠. 우리 크리스탈 존재들은 그야말로 그곳에 모든 것을 다 가지고 있었고 정말 행복했죠.

그는 계속 이야기했어요. "너희는 모든 게 완전히 달라 보였어. 참 아름다웠어. 무슨 일에 관한 것인지 너희에게 설명하고 나서, 그리고 네가 자원하고 나서 우린 탁자에 앉았지. 우린 그 탁자가 참 재미있다고 생각했었어. 너희의 탁자는 아주 특이해 보였거든. 평범한 사각형 탁자가 아니라 초승달 모양이었으니까. 우리 셋은 활 모양의 안쪽에 앉았고, 너는 네 팀이랑 같이 활 모양의 바깥쪽에 앉았어. 그래서 우린 속으로 지금 도대체 누가 누구를 선발하는 건지 모르겠다고 생각했다니까." 저는 큰소리로 웃었어요. 정말 그랬었거든요. 우린 그 세 존재가 자기들 팀을 선발하고 있고 또 우리를 방문할 수 있게 돼서 자기들을 조금 대단하게 여기는 것을 눈치 챘죠. 하지만 우리에겐 모두가 대단해요. 그리고 선발이라는 걸 한다면, 우리가 하죠. 그 탁자로 우리는 모두가 같다는 것, 그리고 누군가가 선발을 한다면 그건 우리라는 것을 분명하게 한 거였어요. 그건 사람들에게 삶이 어떻게 흘러가는지 보여주는, 느긋하고도 유머가 넘치는 우리의 방식이었죠. 유쾌하고 명확한.

그는 그렇다고 시인하면서 말했어요. "그래, 맞아. 난 심지어 너희가 그 탁자를 특별히 우리를 위해 만들었다고 생각했었어." 저는 또다시 웃지 않을 수 없었죠. 우린 정말 재미있는 존재들이에요. 맞아요, 우린 그 세 존재에게는 탁자를 놓는 게 익숙하다는 걸 알고, 그들만을 위해 그 탁자를 만들었었죠.^^ 우리는 탁자가 필요하지 않아요. 우린 모두 하나니까요.^^

그 일은 제게는 정말 믿을 수 없는 일이었어요. 크리스탈 존재들만이 크리스탈 차원에 올 수 있다는 것을 알고 있었으니까요. 그 예외만 제외하고요. 저는 정말 기뻤고, 조금 울기까지 했고, 커다란 향수가 느껴졌지만, 그래도 누군가가 제 크리스탈 차원에 대해 이야기를 해준 것이 행복했어요.

하지만 곧 폴커에게 굉장히 화가 났답니다. 저는 분리의 아픔, 커다란 아픔을 느꼈어요. 제가 크리스탈 차원으로부터 분리되었다는 것, 사랑과 빛과 기쁨으로부터 분리되었다는 것이 기억났으니까요. 지구에서 살기 위해 빛이 가득한 차원을 떠났다는 것이 기억난 거죠.

저는 가끔 너무 싫다는 느낌, 아주 불쾌하고 거지 같은 느낌이 들 때가 있는 데 그 책임을 폴커에게 돌렸어요. 그 세 존재가 우리에게 지구에 와달라고 이야기했으니까요. 하지만 우린 그들의 말을 거의 아무것도 이해하지 못했었죠. '어려운' '두려운' '차가운' '어두운' '깊은' '불쾌한' 같은 단어를 이해하지 못했으니까요. 그런 것은 우리에겐 없거든요. 지구는 전혀 다르게 느껴졌기에 저는 빛 뒤로 이끌려온 것 같은 느낌이 들었고, 만일 그걸 알았다면 이곳으로 오지 않았겠죠.

그러고 나서 이번에는 엿새 동안 진행된 카롤리나의 인디고 모임에 한 번 더 갔어요. 모임은 아주 집중적이었고, 저는 처음으로 모든 것을 정말로 놓아 보낼 수 있었죠. 그때까지는 모든 것을 다 지고 있었어요. 제 주위 사람들의 문제를 지고 있었고, 그것을 붙잡고 책임을 떠맡았죠. 하지만 그건 제 할 일이 아니라는 걸 깨달았고, 그냥 놓아버렸어요. 저는 오로지 저만 책임지면 되고, 오로지 저만을 위해 여기 있으면 돼요.

  그 과정이 있은 후 저는 거대한 구멍에 빠졌어요. 저는 저의 모든 아픔과 크나큰 향수를 느꼈죠. 저는 지구가 실제로 어떠한지, 얼마나 차가운지, 얼마나 많은 두려움이 이곳에 있는지, 그리고 사람들이 서로 얼마나 비정하고 가혹하게 대하는지 보았죠. 그 아픔을 저는 이미 오래도록 지니고 다녔고, 지구에 있는 것이, 이 차갑고 사랑 없는 차원에 있는 것이 정말 불행했죠. 저는 사라지고 싶었고 죽고만 싶었어요. 그리고 바로 그 순간, 제가 정말로 원하면 이제 갈 수 있다는 것을 알았어요. 저는 지구가 어떤지, 지구가 어떻게 돌아가고 있는지 다 보았고 이해했어요. 제가 저 위 크리스탈 차원에 있었을 때, 그리고 그 세 존재가 지구에 대해 설명했을 때는 정말로 이해하지 못했지만, 이젠 다 알았죠. 그렇게 저는 끔찍한 기분으로 침대에 누워 있었고, 제가 정말 원하면 이제 죽을 수 있고 제 크리스탈 차원으로 갈 수 있다는 것을 알았죠. 저는 제가 이곳에 어떤 과제를 가지고 있는지, 무엇을 하고 싶은지, 제 마음에 드는 건 무엇이고 무엇은 아닌지 깊이 생각했어요. 이윽고 저는 결심했어요. '나는 이곳 지구에 있기를 원해! 나는 지구를 있는 그대로 받아들일 거야! 나는 어쨌든 지구를 크게 바꾸지는 못해.' 그렇게 아주 의식적으로 결심했어요. '그래, 난 이곳 지구에 있을 거야! 지구를 내 집으로 받아들이겠어. 나는 인간이야. 나는 이제 정말, 진짜 지구인이야!'

이 생각은 저를 믿을 수 없을 만큼 홀가분하게 했어요. 저는 제가 정말로 한 인간이고, 신성한 물질이며, 정말로 육체를 가졌다는 것을 현실로 인정했고, 그것을 그저 받아들였어요. 저는 아주 많이 울었고, 저 자신을 안아주었으며, 그저 "네"라고 말했죠.

나중에 저는 한 번 더 크리스탈 차원에서 온 사람을 만났어요. 하지만 그와의 사랑에 대해서는 다른 기회에 이야기할게요……

현재 저는 바로 지금 이 순간 제 마음에 드는 대로 삶을 살고 있어요.^^ 저는 제가 일어날 준비가 되면 일어나고, 배가 고프면 먹고, 피곤하면 자요. 그리고 "이렇게 해야 해, 이렇게 하지 않으면 안 돼" 해서 하는 일은 없어요. '해야 해'를 전 좋아하지 않죠.

우리 약 아홉 명의 팀은 새로운 학교를 세웠어요. 아이들이 원래 그래야 하는 대로 배울 수 있는 학교, 즉 자유롭고, 기쁨이 넘치고, 압박이 없고, 기대가 없고, 두려움이 없고, 사랑이 넘치고, 존중하고, 즐거움 속에서 배울 수 있는 학교죠. 그 학교에 대해 좀 더 많은 것은 www.lindenschule.ch에서 볼 수 있어요.

저는 많은 자유를 누릴 수 있는 삶, 제게 즐거움을 주는 일만 할 수 있는 삶(그건 제가 지구에 있는 목적이죠)을 소망했고, 만들어냈고, 설계했어요. 저는 저를 있는 그대로 받아들이는 사람들, 저를 사랑과 공감으로 대하는 사람들을 발견했답니다. 그 사람들은 제가 어떤 선물인지를 보는 사람들, 더 나은 자기 자신을 위해 노력하는 사람들, 자신의 원대함을 보고자 하는 사람들, 또한 자신의 가슴에 귀를 기울이는 사람들, 그리고 그야말로 새로운 것에 열려 있는 사람들이랍니다. 감사합니다!

우리의 메시지

★
가장 중요한 메시지는
사랑

우리의 메시지는 물론 굉장히 길고, 크고, 복잡해요. 하지만 여기에서는 가장 중요한 점만 말해볼게요.

가장 중요한 메시지는 **사랑**이에요.

우리는 인간입니다

만일 우리 크리스탈 아이들이 인간이 아니라면, 우리는 이곳에서 살 수 없고 우리 일을 할 수도 없을 거예요. 그것은 전제입니다. 그러기 위해서는 우리 자신으로 존재할 수 있어야 합니다. 그러니 우리를 이상화하지 말아주세요! 우리를 그냥 평범하게 대해주세요. 많은 사람들이 우리를 동경하고, 우리가 할 수 있는 것들을 동경해요. 하지만 여러분도 그것을 모두 할 수 있어요. 우리를 동경하지 말고, 여러분 자신을 동경하세요! 우리는 여러분에게 인간이 얼마나 놀라운 존재인지, 지구가 얼마나 놀라운 곳인지 보여주기 위해 이곳에 있답니다. 우리는 외계인이 아니고, 신동이나 그런 것이 아니에요.―우리는 아주 단순하고, 그냥 평범한 인간이에요.

우리가 이곳에 있는 것은 여러분이 모든 것을 할 수 있다는 것을 보여주기 위해서예요. 그건 정말 아주 중요해요. 제가 앞의 장에 쓴 것이 모두 아름답고 멋지게 들리겠지만, 그것이 전부가 아니랍니다. 우리 역시 결점이 있고, 에고가 있고, 틀이 있고, 부정적인 면이 있어요. 그렇지만 우린 다른 대부분의 사람들에 비해 인간의 신성함을 알고 있어요, 우린 그것을 잊지 않았죠.

우리가 그런 것처럼 인간은 누구나 그럴 수 있답니다. 누구나—지금 이 책을 읽고 있는 당신 또한 그럴 수 있습니다. 여러분은 똑같이 신성하고 멋집니다. 그러니 여러분의 아름다움과 원대함을 인식하세요! 우리의 원대함을 자극으로 삼으세요. 우리를 올려다보지 말고 또 우리를 내려다보지도 마세요. 우리를 여러분의 곁에 두고 우리와 같이 걸어요. 하나의 길 위에서, 하나의 높이에서. 우리는 모두 같아요. 그리고 우린 모두 하나예요. 그러니 여러분 자신을 보세요, 여러분의 신성함을 보고, 여러분의 원대함을 보세요!

자연

자연은 말할 수 없이 아름다워요. 우리는 자연을 지키고, 존중하고, 즐기고, 누리는 데에 온 힘을 쏟아야 해요. 자연은 순수한 사랑 그 자체예요. 자연은 아주 아름다운 에너지를 발산하죠. 자연이 있다는 것에 대해 기뻐합시다! 우리는 자연에서 치유받을 수 있고, 힘을 보충할 수 있고, 다시 우리의 중심으로 갈 수 있죠. 자연의 세계를 다시 인식하고 자연을 사랑과 경의로 대하세요.

육체와 건강

우리 또한 자연에 속합니다. 우리의 신체는 아주 소중하고 자연스러워요.^^ 우리는 우리의 몸을 의식적으로 대해야 합니다. 왜냐하면 몸은 천재적이니까요. 여러분을 위해, 여러분의 몸과 정신과 영혼을 위해 더 많은 시간을 내세요. 여러분의 몸에 귀를 기울이세요. 몸은 말을 하고, 여러분과 함께 일해요. 절대 여러분을 거스르지 않죠. 그러니 몸과 싸우려고 하지 말고, 몸을 이해하고 함께 해답을 찾도록 해보거나, 몸을 이해하는, 그것도 통일체로서 이해하는 누군가에게 가보세요. 모든 것이 조화롭다면 우리는 병이 나지 않을 거예요. 모든 것이 조화롭다면 완벽한 몸매를 가진 거예요. 저는 예전의 삶을 기억할 수 있어요. 그때는 다른 뭔가를 하지 않아도 모든 여자들이 모델 같은 몸매를 가졌고 남자들은 모두 근육이 단단했죠. 모든 것이 비용 한 푼 들이지 않고 가능해요. 우리 모두 모든 것을 주도할 수 있고 해결할 수 있어요. 당시에는 아무도 외모에 집착한다거나 털을 면도한다거나, 다이어트 때문에 굶거나, 근육 때문에 스트레스 받거나, 피부에 기름을 칠하는 것과 같은 어리석은 일에 몰두하는 사람이 없었죠. 몸을 있는 그대로 받아들이고 몸에게 귀를 기울이세요.

/
사랑

그래요, 사랑이요. 거기에 대해 무슨 말을 하겠어요. 사랑이 있어요! 사랑은 어디에나 있어요. 우리는 사랑으로 모든 것을 풀 수 있어요. 사랑은 해답이고, 길이고, 목표예요. 지구는 사랑으로 가득해요. 우리는 오직 우리의 가슴을 열기만 하면 돼요. 그러면 언제나 우리를 감싸고 있는 이 무한한 사랑을 느낄 수 있답니다. 우리가 우리 자신을 사랑하면, 모든 것이 한결 쉬워지고 모든 갈등은 녹아 없어져요. 우리가 모든 것을 있는 그대로 그렇게 받아들이고 사랑한다면, 더 이상 대립하는 일이 없을 거예요. 모든 것은 눈부시게 아름다워요. 우리는 모든 것에 기뻐할 수 있고, 우리는 모든 것을 사랑할 수 있어요. 사랑은 처음이자 끝이에요.

↓
책을 마치며

고맙습니다!

여러분의 관심과 여러분의 열려 있음에 많은 감사를 드려요. 그래서 정말 기쁘답니다.^^

여러분은 지금 크리스탈 아이들의 세계를 아주 조금 들여다보았어요. 즐겁게 보셨다면 좋겠습니다. 여러분이 좋다면 여러분은 언제나 우리의 크리스탈 에너지와, 우리의 사랑과 기쁨과 연결할 수 있어요.

책을 마치며 이제 우리가 바라는 것에 대해 좀 더 이야기하려고 해요. 그건 여러분에게 바라는 아주 단순하고도 소박한 희망이랍니다.^^

우리를 어떻게 대하면 좋은지, 무슨 조언이나 추천을 하고 또 어떻게 해야 할지 오래 생각했지만, 우리는 특별 대우가 필요 없어요. 크리스탈 아이들이 그저 편안하게만 느낄 수 있는 규칙이나 법칙은 없답니다. 하지만 바라는 것이 있답니다. 그것이 이루어지면 한결 간편해질 것 같아요.

여러분의 가슴에서 나오는 말을 하세요! 솔직해지세요. 그리고 여러분의 영혼과 여러분의 가슴에 귀를 기울이세요! 우리는 여러분의 가슴이 하는 말을 듣는답니다. 우리가 한꺼번에 두 가지나 세 가지 대답을 들을 때는 편치가 않아요. 좀 더 여러분 자신에게 가까이 가 여러분의 가슴속으로 들어가 느껴보세요. 그리고 이성이 아닌, 가슴에서 나오는 말을 하세요.

우리의 말에 귀기울여 주세요! 우리가 몇 살이든 상관없이, 두 살이든 열네 살이든 아니면 열아홉 살이든 상관없이 우리를 완전한 한 사람으로 봐주세요. 우리는 존재해요! 우리는 오래된, 지식이 많은 영혼이며 그건 육체의 나이와는 상관이 없답니다. 우리가 여러분에게 하는 것처럼 그렇게 우리를 존중과 사랑으로 대해주세요.

그래도 여러분이 우리를 존중해 주지 않는다면 그 사람이 부모님이든 교사든 의사든 상관없이 우리 역시 여러분을 존중할 이유를 보지 못할 거예요. 여러분은 부모님이나 교사나 의사가 더 많이 알고 더 높다고 생각하나요? 그리고 더 많은 존중이나 존경을 받을 가치가 있다고 생각하나요? 아닙니다! 누구나 어떤 교육을 받았든 상관없이, 얼마나 부자이고 얼마나 나이가 많은지 상관없이 똑같이 존중을 받을 가치가 있습니다. 우리를 같은 위치에서 대해주세요.

마음을 여세요! 새로운 세상, 새로운 법, 새로운 사고 방식과 새로운 느낌의 방식을 위해 여러분을 여세요. 여러분이 배웠던 것은 모두 옆으로 내려놓고, 우리의 말에 귀기울여 주세요. 우리를 열린 귀와 열린 가슴과 열린 지평으로 대해주세요. 그렇지 않으면 우리의 사고와 우리의 세계를 위한 자리는 없을 것이고, 그렇게 되면 우리는 여러분의 법칙 또한 귀담아 듣고 싶지 않을 거예요. 우리가 서로 열린 마음으로 만날 때만이 우리와 여러분 모두 배울 수 있답니다.

사랑과 기쁨이 가득한 세계가 올 것을 기뻐하며,

사랑을 담아
레나

↓
옮긴이의 말

"언니, 이 책 알아요? 이런 책이 다 있다니!"

"무슨 내용인지 읽을 수 있으면 참 좋겠다. 언니가 번역하면 안 돼요?"

제 친구인 순진이 눈을 반짝거리며 알려준 책은 바로 《우리는 크리스탈 아이들》.

순진은 《순진한 걸음》이라는 책을 쓴 작가이고, 저와는 인연이 깊은 친구입니다. 여러 친구들과 함께 '새로운 시대'와 '새로운 아이들'에 관해 자주 이야기하곤 했고, 또 제가 독일어 책을 많이 보는 만큼, 이런 책이 있다는 것을 알고는 제게 말해준 것이었지요.

그렇게 해서 이 책은 제 손에 놓이게 되었습니다. 그리고 눈치가 없는 제게 몇 번의 우연을 가장한 '손길'이 있고 나서야, 또 과감하게 지지해 준 샨티 분들의 도움이 있고 나서야 이렇게 우리말로 옮겨져 나오게 되었습니다.

처음엔 이 책이 새로운 에너지를 가진 아이들에 관한 이야기라는 것을 알고서도, 또 이 책의 저자 레나가 스스로를 크리스탈 아이라고 밝히면서 자신의 메시지를 이야기하는 동영상을 보고서도 그냥 지나쳤지요. 그런데 얼마 후 우연이라고 하기엔 너무 기가 막히게 잘 짜맞춘 듯한 일들이 연속적으로 벌어지면서 그때서야 알아차렸지요.

요즘 들어 전과는 사뭇 다른 맑고 순수한, 생의 기쁨에 차 있는 밝고 환한 젊은 친구들을 자주 만납니다. 이 친구들과 함께 있으면 이들이 발산하는 환하고 사랑스러운 에너지에 저도 모르게 같이 밝아지고 즐거워지지요. 우리 주변을 살펴보면 이런 아이들이 적지 않을 것입니다. 또는 여러분이 바로 이런 아이들의 하나일 수도 있지요. 이 아이들을 크리스탈과 같이 맑고 투명하고 빛나는 에너지를 가졌다고 해서 보통 크리스탈 아이들이라고 부릅니다. 기성 세대가 가진 무거운 에너지가 아닌 가볍고 환한 새로운 에너지를 가졌다고 해서 '새로운 시대를 이끌 아이들'이라고 부르지요.

이 아이들은 흔히 인디고 아이들이라고 부르는 아이

들과는 또 다릅니다. 인디고 아이들이 꽉 짜인 낡은 사회 구조를 흔들어놓기 위해 강한 에너지를 가졌다면, 보통 1990년대 중반 이후로 태어나기 시작한 크리스탈 아이들은 더 감수성이 깊고 부드럽고 사랑스럽지요. 이 아이들은 우리가 잊고 있는 것들을 기억하게 해주기 위해 이곳에 온 아이들입니다. 이 아이들은 크리스탈과도 같은 맑고 밝은 빛을 가져와 우리 내면의 잊히고 가려진 본연의 빛을 기억하게 해주지요.

이 아이들은 크리스탈 에너지가 무엇인지, 자신이 누구인지 혹은 무엇인지 알지 못한다고 해도 그냥 저 스스로 있는 그대로의 환한 빛을 내며 웃고 먹고 마시고 즐거워하고 때론 아파하고 슬퍼하기도 하며 이 세상을 살아갑니다. 겹겹이 두터운 낡은 옷 같은 사회 구조 속에서 이 아이들이 자신이 가진 환한 빛을 밝히며 살아가기란 쉽지 않은 일입니다. 그래서 이 아이들은 자라면서 소통이 되지 않는 세상 속에서 살아가는 데 무척 힘들어하기도 하고, 이유를 알 수 없는 상실감과 그리움에 외로워하기도 하고, 또 그 부모님이나 교사들도 이 아이들을 어떻게 대하고 교육시켜야 할지 당황스러워하기도 하지요.

이 책은 그런 아이들과 어른들 모두를 위해 쓰인 책입

니다. 이 책의 저자 레나는 자신을 크리스탈 아이라고 밝히고 있고, 자신은 그저 통로가 되어 자신과 비슷한 친구들에게 자신의 이야기를 들려주고 또 사람들이 잊어버리고 있는 것들을 일러주고자, 그래서 크리스탈 아이들을 비롯한 모든 사람들에게 도움이 되고 희망이 되고자 이 책을 썼다고 합니다.

이 책을 우리말로 옮기는 동안 내내 레나의 말에 깊이 공감했고, 그 단순하고도 분명한 메시지가 가슴을 울렸습니다. 레나가 기억하는 사랑이 충만한 빛의 상태 그대로인 크리스탈 차원에 대한 이야기와 레나가 고향인 크리스탈 별을 그리워하는 이야기에서는 책을 더 읽을 수 없을 만큼 눈물이 흘렀습니다. 우리가 잊고 있는 근원에 대한 그리움 때문이었지요.

우리가 미처 의식하지도 못하는 많은 의식과 사고의 틀 속에서 우리 본연의 크리스탈과도 같은 순수한 빛은 얼마나 많이 가려져 있는 걸까요? 우리의 머리에서 가슴까지의 길은 언제부터 이렇게 멀어진 걸까요? 이젠 필요 없는 낡은 옷은 그만 벗고 레나가 말하는 것처럼 가볍고 단순해지고 그리하여 행복해질 수 있지 않을까요? 이젠 레나와 같은 아이들이 이야기하는 것에 귀를 기울일 수 있지 않을까요?

　레나의 소망과 같이 이 책을 읽는 모든 독자들에게 조금이나마 도움이 되고 희망과 기쁨이 되기를, 그리고 크리스탈과도 같은 맑고 환한 세상, 근원과 하나임 속에서 이곳이 이미 크리스탈 세상이자 근원과 하나인 세상이길 바라봅니다.

　편안하고 즐겁게, 마음껏 공감하고 웃으며 이 책을 읽으시길 바랍니다.

　저 또한 이 책이 우리나라에 나오기까지 하나의 통로가 될 수 있었음에 감사합니다.

옮긴이 윤혜정

산티의 뿌리회원이 되어
'몸과 마음과 영혼의 평화를 위한 책'을 만들고 나누는 데
함께해 주신 분들께 깊이 감사드립니다.

뿌리회원(개인)

이슬, 이원태, 최은숙, 노을이, 김인식, 은비, 여랑, 윤석희, 하성주, 김명중, 산나무, 일부, 박은미, 정진용, 최미희, 최종규, 박태웅, 송숙희, 황안나, 최경실, 유재원, 홍윤경, 서화범, 이주영, 오수익, 문경보, 여희숙, 조성환, 김영란, 풀꽃, 백수영, 황지숙, 박재신, 염진섭, 이현주, 이재길, 이춘복, 장완, 한명숙, 이세훈, 이종기, 현재연, 문소영, 유귀자, 윤홍용, 김종휘, 보리, 문수경, 전장호, 이진, 최애영, 김진회, 백예인, 이강선, 박진규, 이욱현, 최훈동, 이상운, 이산옥, 김진선, 심재한, 안필현, 육성철, 신용우, 곽지희, 전수영, 기숙희, 김명철, 장미경, 정정희, 변승식, 주중식, 이삼기, 홍성관, 이동현, 김혜영, 김진이, 추경희, 해다운, 서곤, 강서진, 이조완, 조영희, 이다겸, 이미경, 김우, 조금자, 김승한, 주승동, 김옥남, 다사, 이영희, 이기주, 오선희, 김아름, 명혜진, 장애리, 한동철, 신우정, 제갈윤혜, 최정순, 문선희

뿌리회원(단체/기업)

주/김정문알로에   한경재단   design Vita   PN풍년

(사)한국가족상담협회·한국가족상담센터   생각과느낌 소아청소년성인 몸 마음 클리닉

경일신경과 | 내과의원   순수피부과   월간 풍경소리   FUERZA

회원이 아니더라도 이름과 전화번호, 주소를 보내주시면 독자회원으로 등록되어 신간과 각종 행사 안내를 이메일로 받아보실 수 있습니다.

이메일 : shantibooks@naver.com
전화 : 02-3143-6360   **팩스** : 02-6455-6367